白话鬼谷子

译注与诠释

鬼谷子／著
秋羽／注释

时事出版社

图书在版编目(CIP)数据

白话鬼谷子:译注与诠释 / (战国)鬼谷子著;秋羽注译.
—北京:时事出版社,2015.7

ISBN 978-7-80232-853-2

Ⅰ.①白… Ⅱ.①鬼… ②秋… Ⅲ.①纵横家
②《鬼谷子》-研究 Ⅳ.①B228.05

中国版本图书馆 CIP 数据核字(2015)第115798号

出版发行:时事出版社
地　　址:北京市海淀区万寿寺甲2号
邮　　编:100081
发行热线:(010)88547590　88547591
读者服务部:(010)88547595
传　　真:(010)88547592
电子邮箱:shishichubanshe@sina.com
网　　址:www.shishishe.com
印　　刷:北京建泰印刷有限公司

开本:787×1092　1/16　印张:19　字数:246千字
2015年7月第1版　2015年7月第1次印刷
定价:33.80元
(如有印装质量问题,请与本社发行部联系调换)

前言

春秋战国，诸子百家，鬼谷子不是其中最有名气、影响力最大的，但却是最神秘的一位。

鬼谷子，姓王名诩，又名王禅，号玄微子，后人多称他为“王禅老祖”。之所以说他神秘，是因为他人生中的大部分时间都在隐居中度过，他隐居在周阳城清溪之鬼谷，所以被人称作“鬼谷子”。

相比于同时代的孔孟老庄，鬼谷子既不研究玄奥的哲学，也不讲究礼仪与治国安邦之术，但是他的学识极为渊博，只能用“通天彻地”四个字来形容。他研究天文，日星象纬，占卜八卦，预算世故，十分精确；他研究战争，六韬三略，变化无穷，布阵行军，鬼神莫测；他博览群书，广记多闻，明理审势，出口成章，万人难当；他也研究养生，修身养性，祛病延寿，吐气打坐，学究精深。

鬼谷子跟孔子有一点相通之处——收徒弟。孔子是个靠教书吃饭的教育家，他的门下有弟子三千，达者七十二人。鬼谷子的弟子没那么多，有名的只有四个：张仪、苏秦、孙膑、庞涓。这四个人的影响力贯穿了整个战国中期，但他们却从未携手并肩、通力合作。张仪和苏秦一个合纵一个连横，庞涓害得孙膑成了残废，最终却也死在了孙膑的谋略之下。

四大弟子的能力和命运反映了鬼谷子学说的风格。鬼谷子的智慧冷酷而现实，因为现实本就冷酷，道家认为“天地不仁，以万物为刍狗”，在这一点上，鬼谷子的观点近于道家。但道家讲究出世，鬼谷子的弟子们却个个入世，热衷名利，在这一点上，却又与儒家比较相近了。

非儒非道的鬼谷子将他的智慧记录在了《鬼谷子》一书之中，但由于鬼谷子的智慧实在太过现实，与儒家所推崇的仁义道德大相径庭，因此便成了人们眼中的洪水猛兽。在被禁被毁的同时，那些有识之士却又时常在私底下阅读和学习《鬼谷子》，因为里面记载的东西实在是太有效，空谈仁义道德所解决不了的问题，它都能帮你解决。

《鬼谷子》当中记载的满是权谋策略与辩论技巧，当然也包括一些养生之术，其中对于人心和人性的揣摩十分深刻。他的弟子们就是靠着这些学问以一介布衣白手起家，在战国的乱世之中火中取栗、纵横捭阖，并最终成就大业的。如果有人把《鬼谷子》完完整整地介绍到西方去，西方人肯定会惊呼：“这就是中国版的《人性的弱点》!”

本书通过“原典”、“注释”和“译文”三个板块将《鬼谷子》一书原汁原味地呈现在读者的面前。与此同时，作者还通过“解析运用”这个版块对鬼谷子的著作进行分析和解读，取其精华，去其糟粕，提炼出其在商业、职场与为人处事方面的智慧精华，让读者能够更加容易地从中得到收获和借鉴。

鬼谷子的智慧是最现实的智慧，当你真正意识到这一点，你会发现，《鬼谷子》真的很有用。

目录
CONTENTS

内揵第三

抵巇第四

飞箝第五

忤合第六

揣篇第七

摩篇第八

权篇第九

谋篇第十

决篇第十一

符言第十二

转丸第十三　胠乱第十四

捭阖第一

粤若稽古，圣人之道一也

原典

粤若稽古①，圣人②之在天地间也，为众生之先③。观阴阳④之开阖以名命物⑤，知存亡之门户⑥，筹策万类之终始，达人心之理，见变化之朕⑦焉，而守司⑧其门户。故圣人之在天下也，自古及今，其道一也。

注释

①粤若稽古：此四字是模仿《尚书·尧典》的开头。粤若，发语词（语首助词），无具体词义。稽，考察。

②圣人：道德、智慧杰出的人物。

③先：先觉者，引导者。

④阴阳：古代哲学观念，代表世界对立而统一的性质以及由此形成的万事万物。阳象征雄性、刚健、热烈、积极，阴象征雌性、柔顺、冷静、消极。

⑤命物：为万物命名，辨别万物，役使万物。

⑥门户：途径，道理。

⑦朕：指事物发展的征兆与迹象。

⑧守司：掌握。

译文

纵观远古时代，圣人是天地间众生百姓的领袖和先知。阴阳变化创造万物，圣人便根据阴阳的变化为其命名。圣人懂得万物发展的规律和关键之处，能够推测出万物从产生到消亡的全过程，并由此推测出人的心理，感知到人内心世界的细微变化和心理活动的规律。因此，从古至今，圣人的道都是恒一不变的。

解析

粤若稽古，是《尚书·尧典》中的句子，意为考察历史经验。《鬼谷子》以一句“粤若稽古”开篇，道出了本书的本义和功用：一切知识都是经验、是总结、是发展，为的是使当代之人能够得心应手地运用前人积淀的智慧，以提高自己的素质和能力。

国人讲求实用，多数人读书，既是为了寻找精神上的慰藉，也是为了寻找书中的“黄金屋”“千钟粟”“颜如玉”，所以，历代种种典籍，因其博大精深的内容，被一而再、再而三地解读，也因代代解读变得更加厚重。

现代人同样不会错过这类经典读物，有些人喜欢“实惠”，他们要从书中学点为人处世、纵横决断的小技巧，以便在生活中能够与人和睦相处，减少麻烦；有些人追求更高，他们要在古老的书本中学习“圣人之道”，追求人生的大根本、大境界、大风景，也可谓人各有志。

所谓“圣人”，是指古代拥有大智慧、大胸襟，可安邦定国、济世扶危的有道之士。此类人令人产生高山仰止之感，似乎站在芸芸众生难以企及的高度，但纵观历史，圣人们的“道”并不是天生而来，他们大多有混迹市井，流散江湖，见弃于当权者的经历，只因他们不断充实自己的学识，追求自己的事业，提高自己的能力，并始终坚持仁爱的品性，才终于有所成就。这种人生经历，即使在现代，仍是很多成功者们的轨迹。

而一本深奥的书同样能对人潜移默化，使求知者增长见闻，求智者开通思路，求利者掌握方法和关窍。《鬼谷子》一书内容博大庞杂，也因其强烈的功利性和对人性的深入解剖，被不少儒家学者斥为旁门左道之书。但是，在当今这个复杂多变、充满竞争的社会，这本书的意义正不断被重新发掘，此书说谋略，说机变，说言辞，万变不离其宗，说的都是一个人如何能在复杂的社会环境中寻找、选择最能发挥自己才能的位置，以及如何使用谋略，以最小的代价实现自己的目的。

这样一本书，表面上来看，极端强调个人的选择，但它的主旨并非宣扬人性的自私自利，书中同样有对道德的要求和对“圣人之道”的追求。如果单从个人角度考虑，它深入剖析人心和人性，所说的谋略也以对手的弱点为着眼点，不论说服还是打击，都反复强调阴谋和阳谋并进；但若从更高处着眼，牵制弱点，减少损耗，达到目的，又是智慧的本质。所以，《鬼谷子》才被誉为是一部“奇书”。

仁者见仁，智者见智，如何看待一本经典，考验读者的品性、定力与明辨是非的能力。对待智慧，我们首先要做的，不是人云亦云地贬斥，而是粤若稽古，以一颗平和的心和深入的求知欲，翻开书页，解读前人留下的真知灼见，唯有如此，阅读才是一种收获。而渗透在书中的“圣人之道”，从古至今鲜有改变，离我们并不遥远。

变化无穷，各有所归

原典

变化无穷，各有所归①，或阴或阳，或柔或刚，或开或闭，或弛或张。是故圣人一②守司其门户，审察其所先后，度权量能③，校其伎巧短长。夫贤④不肖⑤、智愚、勇怯有差，乃可捭，乃可阖；乃可进，乃可退；乃可贱，乃可贵，无为[6]以牧之。

注释

①所归：归宿，归属，表现。

②一：专一，自始至终。

③度权量能：审查、估量对方的权谋与能力。

④贤：指具有德行、才能的人。

⑤不肖："贤"的反义词，指那些无德无才的庸人。

⑥无为：道家哲学概念，这里指顺其自然的管理方式。

译文

万物虽然千变万化没有穷尽，但都有其必然的归宿。它们时而阴阳互换，时而刚柔相济，时而有开有合，时而张弛有度。所以，圣人只要掌握了阴阳这一关键，就能审时度势，感知万物的发展进程，权衡人们的谋略和才能，比较人们技巧的优劣。人的德才品性有很大的差别，有德才兼备的贤者，也有无德无才的不肖之人；有智者，也有蠢人；有勇士，也有懦夫。根据这些差异，可以采取时开时合、时进时退、或尊贵或轻贱的手段和谋略，利用每个人的特点因势利导，顺其自然地统治民众，最后达到无为而治的目的。

解析

生活中，我们经常听到人们抱怨做人难，做事难，包括我们自己，面对繁难的琐事，复杂的人际关系，棘手的工作，也常常无可奈何地叹气。而人与事密不可分，最让我们烦恼的不是一件事本身，而是这件事牵扯出的人：或是合作伙伴，或是竞争对手，或是老板、同事、家人、朋友，更多的是我们并不熟悉的陌生人，人与事叠加，才会千头万绪，烦不胜烦。

"力学之父"阿基米德说过："给我一个支点，我就可以撬动地球。"这个支点之所以能撬动偌大的地球，关键就在于它找到了其中的客观规律，即杠杆原理。支点是起决定作用的关键点，也就是所谓的突破口。乱麻虽绕，最初也是一根一丝，只要寻找到合适的线头，就能捋顺。所以，解决麻烦的关键就在于寻找突破口。

“牵牛要牵牛鼻子”，“打蛇打七寸”，“解铃还须系铃人”，这些朗朗上口的俗语都说明了一个浅显却客观的道理：万事万物无论如何千变万化都有其固有的本质规律，这些规律是客观存在的，是可以为我们所认识的。随着认识的逐渐加深，我们就可以把它们系统地整理成知识，然后利用这些规律，对环境、对人、对事，开展自己的行动。

对事，我们需要摸透事物的前因后果，然后制订解决问题的方案。世间之事变化无穷，要先从关键点入手，明确性质；然后根据经验，摸清规律，最好能够触类旁通，多多思考这件事与其他事存在的联系。如此以点带面，就能一窥事物的全貌。点与面的关系，就如地图和实地的关系，我们所处的具体地点有林林总总的建筑，地图不能一一显示，但我们必须知道这个地点究竟在哪里，邻近哪里，有什么样的位置，这就是“守司其门户”。

对人，我们需要了解对方的素质与个性，然后采用恰当的相处方法。观察是重要的，我们要从一个人的言谈举止之中，推测他的教养与学识，察觉他的志向与喜好，最重要的是评估对方的能力如何。然后才能判断此人是否适合做朋友，或者是否能够成为合作者。这是以个人的角度观察人。如果更进一层，我们要考虑与对方互惠互利的可能，并寻找能够掌握主动权的方法，这都需要深入的观察。

在大量观察与思考的基础上，我们就能总结出人与事的规律，实现“无为以牧”，也就是在施加巧力的基础上，顺其自然地做事做人，尊重了事物的客观规律，尊重了他人的个性爱好，不论解决问题还是发展关系，都会变得轻松。只因我们抓得住关键点，有了掌控全局的自信，即使事情有了变化，人际有了冲突，我们依然可以“以不变应万变”，这正是大事化小、由难入易的方法，也是我们解决问题必须具备的思维。

求其实，得其指

原典

审定有无与其实虚，随其嗜欲[①]以见其志意。微[②]排其所言而捭反之，以求其实，贵得其指；阖而捭之，以求其利[③]。

注释

①嗜欲：爱好、欲望。

②微：暗中。

③以求其利：从中得到利益。

译文

要探查清楚对方的有无，弄清对方的虚实，可以从他的嗜好和欲望来推测其真实的意图。要想驳倒对方，最好的方法就是先让对方开口。再仔细寻找对方言辞中的漏洞，探知对方的底细，知道他的真实意图。先闭口听对方说，获悉实情后再开口反驳，从中得到利益。

解析

《红楼梦》中有一副对联向来为世人称道：假作真时真亦假，无为有处有还无。抛开其艺术内涵和哲学内蕴不谈，只谈它对世态的描摹：人们很难分辨事物的真伪、人心的有无，因为事物都是多层面的，我们能看到的只是其中的一面或几面，还有可能，就连看到的部分也是他人有意展现给我们的伪装；而人更是戴着多重面具的动物，知人知面不知心，我们很难通过一个人的外在言行，深入地了解对方。于是，世界真真假假，常让我们觉得困惑难解。

而《鬼谷子》通篇所倡导的“捭阖之道”，恰恰就是在识别人心的基础上，运用捭阖的方法达到自己的目的。想要运用捭阖之道解决问题，首先要搞清楚对方的底细和目的，然后才能决定自己的言词和行动，先思而后行的人，总能在事情发展的过程中把握方向，及时捕捉时机，这是每个现代人都需要学习的处世之道。

人与人之间因为观念、利益的冲突，因为自保意识，都会下意识地提防他人，不轻易亮出自己的底牌，而知晓对方底细的人，才能在双方的关系中占据主动。总结鬼谷子的识人经验，其实并不深奥，试探一个人，需要走三步：

一要观察。想要知道一个人的虚实，观察是第一步。每个人都有自己的个性，有的人外向开朗，有的人低调内敛，有的人极力铺张自己的本事，有的人唯唯诺诺总是规避……这些表现只能在一定程度上反映对方的内在。此外，观察对方的爱好，倾听对方的志向，接触对方的朋友，也能在一定程度上了解对方的具体情况。

二要排查。想要深入地了解一个人，仅靠大量的观察是不够的，还要运用实证方法。例如，有些人爱吹牛，偏偏口才好，让人信以为真，如果轻率地相信了他们的话，很容易耽误大事。不论对方说什么，都不能不经思考就深信不疑，应该私底下验证一下他的话是否属实，他的计划是否切合实际，如果言行相符，那么此人所说多半可以信赖；如果故弄玄虚，交往时则要小心谨慎。核查对方的言谈，既是对对方的检验，也是自我保护的重要方法。

三要沟通。百闻不如一见，百见不如一试。我们不能凭一时喜好、一面之词判断一个人的为人，只有在不间断的沟通中，才能及时发现对方的特点，了解对方的情况。与人沟通时既要注意迎合他人的喜好，也要适时根据自己掌握的信息发表疑问，观察对方的反应，进而更加了解对方的状况。

每个人都是多面的、复杂的，我们想要在人与人的交往中有所收获，固然要秉承人际关系中的平等与尊重观念，但也要记得，他人同样有获利的心思，同样有观察的手段，甚至可能会有算计的城府，我们必须做到知己知彼，才可能在人际关系中少吃亏，让事情在自己的控制之下完成，而不是被对方牵制，只能按着对方的步调走，甚至损兵折将，为人作嫁。所以，不论与什么样的人交往，一定要探知对方的根底，了解对方的目的，才能与人达到愉快的共识，形成融洽的关系，进而同心协力，各有进步。

捭之贵周，阖之贵密

原典

或开而示[①]之，或阖而闭之。开而示之者，同其情也；阖而闭之者，异[②]其诚也。可与不可，审明其计谋，以原其同异。离合[③]有守[④]，先从其志。即欲捭之贵周，即欲阖之贵密。周密之贵微，而与道相追[⑤]。

注释

①示：显示。

②异：与“同其情”之“同”为互词。同其情，即对方与我们的实际情况和目的相同。异其诚，即对方与我们实际情况和目的不同。

③离合：计谋中有相一致的，也有不相一致的。

④有守：等待。

⑤相追：相伴相随之意。

译文

要么放开自己，对人公开坦诚相告，要么闭藏自己，不暴露自己的真实想法。当自己的实际情况或目的与对方完全相同时，就可以公开显示给对方看；当自己的实际情况或目的与对方不同时，就不能公开。要想知道计谋是否可行，就要先观察清楚对方的思路，然后对比双方的共同之处。在未肯定对方的计谋之前，是离是合要耐心等待，先尽可能满足对方的愿望。在用捭的策略时，贵在思虑周全；在用阖的策略时，贵在严密。周密的事情贵在注意隐蔽，恰到好处，就像“道”一样自然、无形。

解析

“捭阖”一词，本义为开闭，在《鬼谷子》一书中，衍生出多种解释。在人与人的相处中，捭阖是指根据实际情况，在与人接触的过程中，选择开放或隐蔽自己的意图。对那些与自己利益一致，需要合作的人，自然需要开诚布公，以达到更多的共识，促进共同的成功；而对于那些与自己有冲突的人，就不能以诚相待，而要注意保留，注意藏拙，以免露出弱点，让对方占据先机和主动。

考量一个人处事的能力，并不只是看结果如何，还要看事前如何筹划，过程中如何掌控。一个懂计划又能随机应变的人，往往能水到渠成，即使结果不尽如人意，也是因为意外的不可抗力的因素，所谓“谋事在人成事在天”，并不能否定此人的能力。而计划性、应变性，也正应了鬼谷子所说的捭阖之术：做事贵周、贵密，全面而低调，不但个性谨慎的人遵循此道，任何想要顺利将事情完成的人，都要注意这一点，把过程做到鲜为人知，往往是成功的先奏。

计划要周密。《孙子兵法》中说，一个出色的将领会把一切计划只放在自己心中，即使己方的士卒也不知道主帅的战略意图，如此才能迷惑敌人，出奇制胜。可见，兵法之争在于暗处，在于心里方寸之地，胸有成竹却不透露，才是成事的关键。想做一件事首先需要全面地考虑事情的方方面面，想到可能遇到的种种困难，并想好应对办法，有了这样的根底，就有了底气。而只有全盘计划还不够，还要注意保密和缜密，不保密，自己的目的手段全都被别人知晓，可能会被竞争者利用，可能会被对手抓住漏洞超越；不缜密，全盘计划中的小疏漏就可能导致满盘皆输，一个“密”字，说的是心思，是手段，也是告诫。

行事要周密。在事情进行的过程中，周与密二字同样有指导作用。勇往直前固然可喜，但步步为营却更可取。行事的周到在于对周遭情况的实时关注，及时发现环境的变化，及时排除隐患，及时化解矛盾，这都是为了最终的结果保驾护航。而过程的保密，并不是说我们都要学 007，什么事都做得秘而不宣，而是说尽量低调，尽量不要引人注意，因为引人注意就可能增加风险，而低调前进却可能在旁人、特别是对手还未注意的情况下，顺利到达终点，这也是抢占先机的一种方式。

以我们惯常的思维，似乎有城府的人更适合周密的行事，而那些外向豪爽的直性子，很难做到这一点。其实这也是一种误解，如《水浒传》中豪爽的鲁智深，同样也能粗中有细，他打死镇关西，保护金老汉父女，既显英雄本色，又显聪慧头脑，所以，周密在于事前思考，遇事能控制冲动，冷静观察，在于后天的培养。

周密的益处显而易见，缜密的人能够尽量减少错误，也能最大限度地减少摩擦。此外，行事周密的人切忌给人故弄玄虚之感，这会让人怀疑并开始不必要的防备，有违人与人的和谐相处之道。诚与密，需要把握好分寸，既要与人有距离，保留自己的隐私和空间，又不要与人隔绝，把自己孤立于他们之外，不论开放还是封闭，始终要记得自己是社会的一部分，与人接触，借人之力，也要与人和平相处，成人之美。

捭阖者，天地之道

原典

捭之者，料[①]其情也；阖之者，结其诚也。皆见其权衡轻重，乃为之度数[②]。圣人因而为之虑，其不中权衡度数，圣人因而自为之虑[③]。故捭者，或捭而出之，或捭而内[④]之；阖者，或阖而取之，或阖而去之。捭阖者，天地之道。捭阖者，以变动阴阳，四时[⑤]开闭，以化万物。纵横反出，反覆反忤[⑥]，必由此矣。

注释

①料：猜想。

②为之度数：测量重量和长度的数值，指揣测谋略的性质和程度。

③自为之虑：此指自己另外谋划决策。

④内：同“纳”，接纳、吸收的意思。

⑤四时：指一年中的春、夏、秋、冬四季，或指一天中的朝、昼、夕、夜四时。

⑥反覆反忤：或离开，或返回。或复归，或反抗。

译文

使用捭的方法使对方向自己敞开，以便了解对方的虚实；辨别清楚后用阖，确定下来对方的实情。圣人精准的感觉和判断，就像能亲眼看到对方权衡轻重。如果对方的判断符合标准，具备权衡轻重缓急的能力，圣人就因此为之谋划。如果对方的判断不准确，即不具备权衡轻重缓急的判断力，圣人就因此为自己谋划，为自己留好退路。所以用捭或能使对方开而真实情况暴露出来，或能让对方开而使己方的观点被接纳；用阖或能使己方有所获取，或能使己方顺利地躲过祸患。捭阖，就是天地间的道。捭阖，能够使阴阳发生变动，阴阳变动产生四季，四季的更替化育万物。纵或横、返与出、翻与覆、反与正，都是由捭阖而生的。

解析

鬼谷子讲求的捭阖，是治国理家的大智慧，包含着多种层面的计谋，可大可小，究其实质，是以人与人的关系为出发点，以谋略为基础，以言辞为手段，来求得双方都满意的结果，惠人惠己，并不只是处心积虑地算计他人，谋求私利。鬼谷子说捭阖依从大道，依从阴阳变化，依从天地至理，如果只把握其中的掌控人心之法，是得其皮毛而难得其精髓。

“捭阖”是谋之本，也是说之法。出谋划策的根本，在于洞悉事态，洞察人与人之间根本的利益关系，而解决问题的关键，则在于通过恰当的沟通方式，使双方或多方达成共识，获取共同利益；或者通过巧设机关，以最小代价战胜敌方，维护己方的利益。而谋划的根本，正是捭阖之道。心中所想，靠口中言辞来达到，就是捭阖的方法。

与人接触，结果有二：出之或内之。也就是人们常说的“合则聚不合则散”。我们建立人际关系，都有“普遍栽花重点培养”的倾向，我们选择的合作者，必然是那些有能力、有共同目标，最好是脾气相投的人；而与我们利益矛盾的人，很难真正合作；还有一些人虽有共同利益，但因为个性完全相悖，无法沟通，也只能选择离开，去寻找更合适的人选。

与人合作，既要有诚意帮助对方，也要注意自我保护，不能因对方的失误连累自己。我们始终要记得自己的立场，始终不被他人牵制，才能时刻清醒，趋吉避凶。这是做一切事的根本，唯有如此，我们才能离目标更近，而不是为枝节牵绊，浪费时间和精力。

所以，任何时候都要有“捭阖”思维，寻找合作，寻找机会，探听虚实，权衡轻重，而不是人云亦云，守株待兔，听风是雨，优柔寡断。捭阖的先机，在于主动，要主动去结识他人，寻找目标，尽量了解情况。而在这个过程中，我们也要不断地提高自己各方面的能力，不但要继续扩充见闻，积累学识，也要在失败中汲取教训，在考验中培养观察力和判断力。

我们必须了解自己即将面对的一切，不论是人还是事，都需要从各个方面探知，越是全面的了解，越能帮助我们完善计划。仅仅在事物周围敲敲打打是不够的，还要主动出击，了解环境，了解对手，了解任务的难度……就像学游泳的人必须跳进水里，站在水边观摩的人，即使有再多的理论，也是纸上谈兵，毫无用处。

了解了捭阖之道，就会发现生活中处处都有捭阖的影子。不但人与人的相处常常需要斗智斗勇，就连团体之间的制衡，事业上的起落，乃至自然环境的更换，都与开合闭守相关，所以不必为人与人的背离伤感，也不必为前途的风云难测忧心，每个人面对的都是同样的困境，也都有同样的机会。我们需要的是利用这个道理，替自己争取更多的空间。懂得捭阖，擅用捭阖，就是了解变化，控制变化，让自己站在制高点。

关之捭阖，制之以出入

原典

捭阖者，道之大化，说之变[①]也。必豫[②]审其变化，吉凶大命[③]系焉。口者，心之门户也；心者，神之主[④]也。志意、喜欲、思虑、智谋，皆由门户出入。故关[⑤]之捭阖，制之以出入。

注释

①说之变：游说之中的变化。

②豫：通“预”，预先。

③大命：生命。

④主：通“住”，住所。

⑤关：原意指门闩，这里是控制的意思。

译文

开启闭合，进退取舍，是自然之道的规律，也是游说时应变的关键。游说前一定要对各种变化事先有所准备，因为事情的吉凶、人的命运都系于捭阖。语言是心意出入的门户，而心又是精神的居所。心所产生的志向、情欲、思想和谋略都要由口这座门户出入。因此，要用开启和闭合来控制语言这座关口，以此来控制思想的表达。

解析

第二次世界大战之时，德国空军对英国实施轰炸，伦敦上空随时都能看到德国战机的身影，人们躲在防空洞里惴惴不安。这时候，安定人心的是首相丘吉尔的电台广播，他反复用激昂的言辞鼓励英国人民坚持下去，英国人就在首相铿锵的演讲中，一步步树立了必胜的信心，逐渐扭转了战局。可见，语言的力量能够争取人心，能够改变局势，谁也不能忽视口才的重要。

特别是现代社会，讲求沟通，讲求和平，矛盾往往放在谈判桌上解决，我们更要注意言语的重要。孔子说："讷于言而敏于行"，这个"讷"不是指一个人言谈无味木讷，而是指说话的时候必须谨慎。言说需有度，才能真正打动人心。不同的说话水平和说话方式，给对方带来的感受会有所不同，所获得的效果和回报也会大不相同。

如何说话，如何说得恰到好处，不得罪人，让人舒服，这确实是一门学问。鬼谷子的建议是：嘴巴是一个人宣泄情感的门户，要注意开合之间的转化，把有益的话、动听的话放出来，把有害的话、得罪人的话关在肚子里。必须要说的时候，说的话也要委婉。

该说的时候要说，句句在理。想要表达自己的意思，想要贯彻自己的意图，就必须开口。而我们所说的话，必须经过慎重的思考，尽量精炼、简洁，而不是啰啰唆唆、毫无重点。如果能佐以适当的幽默，更能起到良好的效果，增加个人魅力。一句话有分量，在于它能否说到点子上；一句话能不能打动人，在于它是否合乎情理人心。所以，三思而后言，是我们说话时必须注意的问题。

不该说的时候不说，沉默是金。我们必须了解什么样的话要少说，什么样的话最好别说，特别是触及到别人隐私、短处或是自尊的话。话出口前先"过过脑子"，站在对方角度想想，试想一下若是自己听到这样的话是什么感受。

要充分考虑到，不恰当的话一出口所造成的影响，再用几百句、几千句话也弥补不了。不注意言语的轻重对错，即使你没有恶意也会得罪人，让别人下不了台阶，或把事情弄糟，为自己的人际关系埋下了“隐患”。

多数时候，我们应该选择倾听。那些理想的谈话对象有一个共同的特点，就是听的时候比说的时候多得多，只在对方停顿之时发表一句恰到好处的看法，引出对方更多的表达欲望。倾听有很多好处，它不但能让我们给人留下尊重他人的良好印象，也能让我们有机会更加了解对方的经历和心理，在他的言谈中摸索他的性格、爱好。可以说，选择倾听的同时，我们抛去了浮躁，得到了探索他人的机会。

听与说，说与不说，都有赖于我们对自己的控制。每个人都有表达欲，希望通过言谈，让他人了解自己，赞同自己，喜爱自己，这是一种无法抹杀的天性。但万万不可将这种表达无限扩大，变得夸夸其谈，甚至说三道四，这只会让他人觉得不严肃，不认真，甚至怀疑到我们的能力。

所以，我们要学习修炼自己的城府，管好自己的嘴巴。思考越多，我们的见识也会跟着提升；空谈越少，我们自然会形成庄重的外在气质，给人以可信之感。一个有自控能力的人，才能谈未来，谈机会，谈合作，否则，只能如黄口小儿一般，说的不少，能做的却不多，毛毛躁躁，令他人担忧，给自己添乱，还一事无成。想要有捭阖的手腕，平心静气，控制嘴巴的闭合，是第一步。

言善以始其事，言恶以终其谋

原典

捭之者，开也，言也，阳也；阖之者，闭也，默也，阴也。阴阳其和，终始其义[①]。故言长生、安乐、富贵、尊荣、显名、爱好、财利、得意、喜欲，为“阳”，曰始[②]。故言死亡、忧患、贫贱、苦辱、弃损、亡利、失意、有害、刑戮、诛罚，为“阴”，曰终[③]。诸言法[④]阳之类者，皆曰始，言善以始其事；诸言法阴之类者，皆曰终，言恶以终其谋。

注释

①终始其义：从开始到结束，都要遵循捭阖之道。终始指从开始到结束，义指道理。

②始：出发点。

③终：终结点。

④法：效法，这里也有类似之意。

译文

所谓“捭”，就是开启，就是发言，就是阳；所谓“阖”，就是闭口，就是缄默，就是阴。说话要阴阳协调，阴阳两方相谐调，捭与阖节度相宜，才能够做到善始善终。

因此说，凡是和长生、安乐、富贵、尊荣、显名、爱好、财利、得意、喜欲相关联的，都被视为阳，也就是人生向往的出发点。凡是与死亡、忧患、贫贱、苦辱、弃损、亡利、失意、有害、刑戮、诛罚相关联的，都被视为阴，也就是人希望避免的终结点。

那些属于阳一类的言论，都可以叫作始，它从事情有利的一面来开始游说，促使对方去做某件事情。那些属于阴一类的言论，都可以叫作终，它从事情有害的一面来开始游说，促使对方终止某项谋划和行动。

解析

生活中，一个人的谈话之道，往往可以决定一个人的人缘如何。

人有趋光的一面，喜欢在他人身上汲取正能量，特别是当我们兴致勃勃，想要做一件事的时候，总希望听到旁人的鼓励，以及基于鼓励的建议，哪怕这些建议并不容易，甚至有些“逆耳”，我们也能分辨并采纳。而有些人偏偏喜欢泼冷水，非要说一些“这件事你肯定做不了”“就你？别做梦了！”“我不看好，你要做就做别来问我”之类的丧气话，让人顿时失去斗志，甚至心灰意冷，对自己的能力产生怀疑。

否定他人未必没有道理，但如果方法不恰当，言谈不合宜，既达不到自己想要的效果，还会引起他人的反感。久而久之，那些喜欢说风凉话，或者喜欢一言堂，或者总是打击他人的人，身边很难有朋友；而那些总是说漂亮话，没几句真知灼见的人，虽然不得罪人，却也得不到更多的尊重；只有那些既有主意，又懂交谈的人，才能在人际关系中如鱼得水。

鬼谷子把言谈内容分为阳与阴，阳带来生发、带来振奋、带来计划的开始；而阴则带来结束、带来恐惧、带来事情的终止。一个懂得捭阖之道的人，在谈话中自然知道什么时候该说阳性内容，什么时候该说阴性内容，内容的选择，来自他所预见的结果。

具体来说，与人交往之时，为了达到我们的目的——这目的可能是利己的、也可能是利人的——就要游说或劝说对方，让他的行为向我们期望的方向靠拢。想要对方行动，就要尽量阐述行动的好处，带来的成果，以及对方的优势，成功的概率，这些都能引起对方的兴趣；而发现对方的行为有偏差，想要劝导对方，就需要给他分析利弊，指出一意孤行的严重后果，让对方不得不考虑，进而改变自己的计划。

与之相对的，我们也要分辨那些对我们游说或劝说的人，究竟怀有什么样的目的。有些人说话讨巧，总是迎合着我们的喜好，夸奖我们的能力，让我们飘飘然，志得意满，这个时候需要警惕，也许对方就是想在这种飘飘然的氛围中，达到他的目的；还有些人为了阻止我们做某件事，会故意夸大事情的难度和结果的严重性，让本来踌躇满志的我们变得举棋不定……他人口中之言未必都是良言，我们必须保持清醒的头脑，对事对人有自己的看法，想要做的事不能因他人几句话就改变。

我们也要在他人的言辞中得到建议，以修正我们的行为，对待他人口中之言，要有筛选能力，即使是“恶言”，也不乏真知灼见。这要求我们既有明辨是非的头脑，又有海纳百川的心胸。我们还要学会选择聆听，在下定决心的时候，就尽量多听那些带着正能量的鼓励，主动远离那些冷言冷语，以免影响自己的斗志。

不论是开始一件事还是终止一件事，智者都能把握主动权，并影响他人的决定，这同样需要深刻的洞察能力。不论游说或劝导他人，还是被他人游说或劝导，都要牢记自己的立场和目的，人的判断会随着形势和他人的语言改变，但不能偏离最初的方向。

此外，当我们需要“言恶”的时候，也要注意分寸，不能一味恐吓、贬低对方，这样一来会对对方造成心灵上的伤害，二来可能激起对方的逆反心理。要始终以关心理解的姿态为对方分析问题，要让对方视你为自己人，而不是敌人。这仍然需要我们把握言谈的内容，而不是信口开河，让对方如坠五里雾中。不论善言还是恶言，都要以理服人，以情动人，才能真正说到对方的心里去，让对方心甘情愿地信服。

捭阖之道，以阴阳试之

原典

捭阖之道，以阴阳试之。故①与阳言者，依崇高；与阴言者，依卑小。以下求②小，以高求大。由此言之，无所不出，无所不入，无所不可。可以说人，可以说家③，可以说国，可以说天下。为小无④内，为大无外。益损、去就、倍⑤反，皆以阴阳御其事。

注释

①故：因此。

②求：适应，顺应。

③家：这里指封有采邑的大夫。

④无：不论。

⑤倍：通“背”，背弃。

译文

运用捭阖的方法，就是要从阴阳两个方面去试探。与积极乐观的人说话，就要用阳类的、志向高远的话题；与性情阴柔消极的人说话，就要说阴类的、卑小的话题。因此要用低下的言辞去迎合胸无大志的人；要用崇高的言辞去迎合志向高远的人。如果用这样的方式去游说，就没有什么场所不能够出入．没有什么人不能够说服。用捭阖的方法，不仅可以游说普通人，也可以游说士大夫，还可以游说各国的诸侯，可以游说周天子。不论内部有多小，也不论外部有多大，均不能局限于本身，而须辩证地对待。获益或损失、离去或靠近、背离或折返，都可以用阴阳开合之术来掌控。

解析

生活中，我们以“舌灿莲花”形容那些口才好、会说话的人，有时候觉得他们太会说话，也用“见人说人话、见鬼说鬼话”来形容，这固然说他们口才好，也在说他们太知道如何说话，暗暗有了不信任、甚至贬低的意思。被这样说的人往往一笑了之，并不争辩，而我们依然觉得和他们有话聊，这就是善谈者特有的魅力。

对什么样的人，说什么样的话，是一种能力，也是一种权宜之计。除却日常无意义的闲聊，人们说话都包含了信息，表达自己的目的，并希望通过说话这种方式，达到目的。这就需要考虑对话者的接受水平，如果一味地表达自己的意思，根本不考虑听者的接受程度、不考虑受众是否理解，最终也只是白费一番口舌。

想要话语产生功效，必须明白自己究竟在和谁说话。如果对方是目不识丁的人，满口“之乎者也”只会让人反感，觉得你在炫耀学识；如果对方是矜持的女士，太随便的玩笑显然会让谈话陷入尴尬；如果对方是咬着糖果的儿童，高深莫测的道理只会让他们打呵欠……每个人的身份、立场、性格都不同，了解谈话者的情况，才能有最恰当的谈话姿态，让人愿意和你说话，这样沟通才能顺利进行。

想要话语达到目的，必须知道自己该说什么样的话，也就是鬼谷子强调的

“投其所好”。对那些高尚的人，要以高尚的言词来打动；而对于那些没什么志向、品格不甚高尚的人，不妨多说些附和之言，以投合他们的喜好。为了达到良好的沟通效果，迎合对方的格调，并不代表自己成了没有立场的墙头草，从长远来看，一个符合自己利益的结果，远比一次依从自己心意的谈话更重要。

有些人不愿与和自己志向不和的人交谈，特别是那些有明显缺点的人，或者和自己身份差距过大的人，认为与他们没有共同话题，也不愿主动寻找话题。这是一种傲慢心态，也在无形中使自己丧失了很多接触他人、得到知识的机会。主动寻找话题，说对方感兴趣的事，也许与自己的志趣不合，但的确是人在谈话中应该具备的礼貌；何况，在复杂的社会中，我们没有那么大的自由选择自己的谈话对象，多与各类人接触，丰富自己的谈话经验，才是适应环境的聪明做法，否则虽然得到了清高的名声，却和更多的人产生了隔阂。

有些人喜欢占口头便宜，万事不肯让人，总要逞口舌之快，这样的人也容易结仇结怨，至少他们会给人留下爱出风头、不肯吃亏、为人尖刻的负面印象。这也给我们以启示：即使不愿做投合他人格调的谈话者，也坚决不能成为一味自我的多嘴多舌的人。

常言道：话不投机半句多。与人谈话固然要追求投合，但一味追求知己间的心灵之语，轻视与他人的谈话，不但不能提高自己的口才，还会让人怨恨。不如改善自己的心态，多与他人交谈，不论三教九流，试着揣摩他们的心态，了解他们的状态，观察他们的喜好，这也是阴阳捭阖之道。看得多听得多，自然就掌握了和各种人物打交道的窍门，不论交往还是做事，都会更加顺利。随着谈话技巧的不断提高，我们才能掌握更多的信息，了解更多的情况，宏观上做到运筹千里，微观上做到明察秋毫，这正是智者的境界。

阳还终阴，阴极反阳

原典

阳动而行，阴止而藏，阳动而出，阴隐而入。阳还终阴，阴极反阳①。以阳动者，德②相生也；以阴静者，形③相成也。以阳求阴，苞④以德也；以阴结阳，施以力也。阴阳相求，由捭阖也。此天地阴阳之道，而说人之法也。为万事之先，是谓圆方⑤之门户。

注释

①阳还终阴，阴极反阳：指阴阳可以互相转化。

②德：内在本质。

③形：外在形态。

④苞：通“包”，包容。

⑤圆方：即天地，古人认为天圆地方，故以“圆方”代指天地。

译文

阳是动态的、前行的，阴是静止的、隐藏的，阴阳之间相互转化，阳发展到极致就转向阴，阴发展到极点又转向阳。因为有阳的活动，那么道德就随之产生（用道德规范来约束行为）；因为阴是静止的，行为表现就会随之生成（静止的事物，只有通过其行动表现出来）。以阳求阴，就要在道德方面去包容别人。以阴求阳，就是要用力将对方的积极性调动起来。阴与阳相互追求，相互结合，必须遵守捭阖之道。这就是天下的阴阳之道，也是游说他人的根本原则。捭阖之术是做事情的根本原则，是天地间解决事物的钥匙。

解析

学习鬼谷子倡导的捭阖之道，最重要的是学习口才和应变的思维，特别是后者。碍于学识、碍于性格、碍于经验，我们也许不能像春秋战国时代的策士那样滔滔不绝，只凭言辞就能化解干戈、改变历史，但我们一定要明白“阳还终阴，阴极反阳”的道理，明白万事万物都在不断变化，甚至向它相反的方向变化。形势的变化相当复杂，要想做到积极应变，除了要顺应时代的潮流之外，还应当根据对手情况的变化而变化，制订或修订新的计划。

当代社会，最大的特点是商业化、高效化，时间与金钱捆绑在一起，每个人都必须正视商业的冲击，也必须及时把握商机，为自己创造利益。就商业活动来说，当前市场变化多端、企业竞争激烈，企业要想不被淘汰，掌握竞争优势及扩大市场占有率，甚至占据一定的有利席位，必须要时刻关注竞争对手情况的变化，灵活地制订经营计划。企业能否顺应这种变化，是企业能否生存、发展的关键所在。

落实到具体的个人，我们的升迁、调动甚至生活中的种种，何尝不是商业行为，我们需要掌握自己的资金，并争取让资本获得最大收益。我们也会遇到与自己产生利益冲突的竞争者，可能是竞争同一职位的同事，可能是必须争取的客户，也可能是对手公司的员工，或者自己的老板……我们必须掌握对方的情况，特别是他们情况的变化，以便及时捕捉信息，不被对方落在后面。即使对方不做什么改变，我们也要不断地调整自己思想与行为的基本策略，做到敌变我变，敌不变我还是要变。只有这样，才能以灵活打败对方，最终立于不败之地。

在生活中，我们总是渴望一帆风顺，渴望顺利的状况永远不会改变，但事实上，变化每天都在发生，我们每天都有意想不到的麻烦需要应对，这让我们抱怨“昨天还好好的，今天怎么就变成这样了”，如果我们不能用发展变化的眼光看问题，承认变化才是事物的本质，我们就只会被接连不断的变化牵着走，每天的生活就是查缺补漏，永远落在变化后面，自己订好的计划也会变得一团糟。

所以，必须正视生活中永恒存在的是变化，每个人走的都不是一条笔直的通道。无论你是否害怕、是否承认，任何人都无时无处不在发生着变化。没有变化就意味着停滞不前，意味着被淘汰。想要不被变化牵制，就要多多思考，走在变化前面，想到新的思维，新的方法，即使有了变化，也可以顺势而为，让别人措手不及，自己抢占先机。

何况，万变不离其宗，事物变化到极点，就会转化，它最多转化到相反的方向，但不会完全变为不相干的东西，所以，事情还是那件事情，只不过难易程度有了不同，了解这一点，我们就可以着手解决：原定的计划可以不变，只需根据难度加大力度，增加弥补措施。

所以，应变思维的本质，其实是“不变”，我们可以随时改变自己的态度，随时改变自己的方法，但总的方向不变，头脑就不会乱，手脚就不会慌。为什么有些人一遇到困难就茫然无措，不知如何解决；而有些人即使面对大风大浪，依然稳如泰山？奥秘就是后者把握了事物的关键，明白解决问题的重点，即使情况再乱，也能做到胸有成竹。这样的心态，正是捭阖者的基本心态，也是克敌制胜、化险为夷的内在动力。

反应第二

反以观往，覆以验来

原典

古之大化[1]者，乃与无形[2]俱生。反以观往，覆以验来；反以知古，覆以知今；反以知彼，覆以知己。动静[3]虚实之理，不合于今，反古而求之。事有反而得覆者，圣人之意也，不可不察[4]。

注释

①化：教化。古之大化者指的就是古往今来的圣人。

②无形：没有形迹，这里指天下大道，即自然界和人世社会阴阳变化的基本规律。

③动静：移动与静止。“动”与“静”是相对而言的。

④察：研究，观察。

译文

上古以“大道”教化万物的圣人，都是与无形的大道共生的。圣人做事都是反反复复考虑的。往回看能够借鉴历史，覆过来能够洞悉当今；反能够了解对方，覆能够了解自我。动静、虚实的原理，假如与当代的观念不相符合，就要返回上古去考察前人的经验。有些道理是需要反复思索才能明白的，这正是圣人给我们的意旨，我们不能不认真探查。

解析

观今宜鉴古，无古不成今。

智慧来自何处？来自书本，来自师长们的谆谆教诲，来自自己的观察、行动和思考，究其实质，智慧来自经验，这经验可能是他人的，也可能是自己的；可能是古人的，也可能是今人的。古代人讲究读史，因为“以史为鉴，可以知兴替”，观看历史人物的兴衰，结合自身的处境，就能得到启迪，即时发现自己的缺点，以免重蹈覆辙。——往者不可追，但往者可鉴，这就是智慧的起源与根本。

知道得到智慧的方法，更要知道该如何运用，《鬼谷子》一书虽有理论，但通篇都在强调运用，智慧不能拘于个人的头脑之中，必须作用于现实生活，智慧的表现主要在于一个人如何思考问题。有些人思考问题表面化，很快下了结论；有些人却要举一反三，反复鉴别，才肯下定论。前者快人快语，固然爽利，但也经常被人批评为粗心大意，不用脑子；后者深思熟虑，往往能一语中的，道出事物的关键，这就是思考方式的差异，造成结果的不同。

深思熟虑的人，往往也因自己的粗心吃过亏，从此留了心，不再重蹈覆辙。人的一生不可能一帆风顺，总会遇到坎坷和波折。聪明人“吃一堑长一智”，总能得到一些经验和启示，不会第二次犯同样的错误。而有大智慧者则懂得从以往的事情中，推出某种既定的规律，提早绕开“礁石区”，从而避开潜在的伤害。

总结失败经验是取得智慧的不可缺少的一环，事前要全面计划，当事情的发展与我们的预料不符，就要反复检验究竟哪一个环节出了问题，导致了计划的偏差。在修正计划的同时，也在修正自己的错误思想。面临重大失败的时候，更不能一蹶不振，而要尽快总结问题所在，及时改正，才不会耽误自己的未来。

此外，《鬼谷子》一书虽是纵横家的典籍，也被兵家奉为经典，但很明显，这是一部包罗前人智慧的书籍，其中就包含了浓厚的道家哲学思想，在“反应”篇中，老子提倡的辩证思维，也被鬼谷子继承发展，鬼谷子强调思考问题需要想两面，正面想完就从反面想，反面想完再从正面想，思想的深度，就在这反反复复之中不断增加。这也是得到智慧的方法。

运用历史的智慧说服他人，往往能起到事半功倍的效果。春秋战国时期，策士们游说各国君主，靠的不是大道理，而是历史上存在的史实和生动的小故事，让君王警醒，进而说出自己的目的，让君王信服。直到今天，我们也常常引用历史上的例子来说服他人：以“鸿门宴”后项羽的遭遇，提醒他人不要刚愎自用；以安史之乱前后唐玄宗的表现，提醒他人居安思危；以方仲永的泯然众人，教导聪明的孩子不要骄傲……了解历史、承认历史的人，总能比别人多一些思考，多一些顾虑，多一些警醒。

“反以观往，覆以验来；反以知古，复以知今”，谈的是借鉴，谈的是智慧的由来与方法。学习过去的历史事件，方能以更稳健的步子走过今天，迈向未来；利用历史去修正自己，劝说他人，就是智慧的正向延伸。在思考问题的时候，先要从正反两面思考，然后纵观历史，继续思考，才能得到全面深刻的结论。智者千虑，正是如此。

钓语合事，得人实也

原典

人言者，动也；己默者，静也。因①其言，听其辞。言有不合者，反而求之，其应必出。言有象②，事有比，其有象比，以观其次。象者象其事，比者比其辞也。以无形[3]求有声。其钓语[4]合事，得人实也。其犹张置网而取兽也，多张其会[5]而司[6]之。道合其事，彼自出之，此钓人之网也，常持其网驱之。

注释

①因：顺着，依循。

②象：形象。

③无形：指上文所说的“静”“己默”。

④钓语：如钓鱼投饵一般，在交谈时引诱出对方的话头。

⑤会：聚集。这里指野兽经常出没的地方。

⑥司：通“伺”，伺机、等待。

译文

别人讲话，是动；自己缄默不语，是静。从对方的言谈话语，推测出他真实的辞意。假如对方的言辞透露出的意思与己方想要得到的不相符合，就要用“反”的方法来求，对方的应对必定满足己方的需要。言辞中必然有象征的手法，事物中必然有类比的手法，通过象征和类比的事物来推测其真实的意图。象就是比喻相关联的事物；比就是用类比的言辞。这样就能在无形之中引导对方讲话，如此引诱对方说出的话，如果符合事实，就能够掌握到对方的实情。这就像张开大网猎捕野兽似的，多设一些大网汇集在野兽出没的地方伺机守候，必然能捕获到野兽。如果我们平时做事也切合这种道理，对方就会自动上钩，这便是钓人的网。游说者就常常拿着这张网去追逐对方。

解析

说话有技巧，听话也要有技巧。

自古以来，国人说话含蓄，常常“意在话外”，很多话不能或不便直截了当地说出来，常常用比喻，用双关，用反语等方式来表达自己的意图，只有那些懂得“弦外之音”的人，才能了解他们究竟是什么意思，才能继续沟通。否则，只能鸡同鸭讲，双方都不痛快。

“话中有话”也常让本就情商偏低的人头疼不已，不明白为什么好好一句话不说，偏偏要藏着掖着。要知道，这是他人的韬略，话一旦说得直白，就没了后路，而把话说得含蓄曲折，自己的余地就大，将来出了问题，也方便给自己圆场。

何况，人在说话的时候要注意当时的气氛，有时候想要维护自身的立场、或他人的颜面，难免说几句言不由衷的场面话，倘若你将这一类场面话当做对方的意见、甚至许诺，那么理解问题就会出现很大的偏差。

还有，人们在日常生活中总需要与人说几句客套话，如果把所有的客套话都当成真话，听不懂其中的寒暄甚至疏远，你就是旁人眼中名副其实的“傻大哥”“傻大姐”，大家会称赞你实在，也愿意和你做朋友，但更多的人也许会利用你的这一份实心，攫取自己的利益，甚至让你吃个大亏。

由此可见，听人说话必须领会说话者的弦外之音和未言之语。不要以为弦外之音是了不得的东西，非天纵英才不能破解。想要体会对方言语的真实用意，只需从对方的立场、处境、实际需要加以考虑。一个人想要赚钱，即使他说着不在乎金钱只在乎合作机会，也只是委婉地表达你开出的条件达不到他的要求。任何时候，以利益为切入点，都能最准确地捕捉到对方的关键点，对方说也好，不说也好，说得天花乱坠也好，离题万里也好，都离不开追逐利益的目的。掌握这一点，我们就有了解读话外音的基本方向。

“钓语”的使用也可以让自己更能领会对方的意图。“钓语”是鬼谷子诡秘思维的一个投射，在交谈过程中，隐瞒自己的真实意图，故意说一些启发性的话语，来观察对方的反应，进而探测对方的底细，这就是“钓语合事”。如果在日常的谈话之中，就不露痕迹地设下陷阱，那么从对方的举动和言谈之中，就能充分把握对方的动向和意图，就像一个渔夫撒下鱼饵，布下渔网，只等鱼儿上钩。

作为辅助，我们平时就要多训练自己的观察力和解读能力，不能太单纯、太简单地相信别人所说的话，谈话涉及得越广，越能深入地引出对方的真实心思。同时，也要善于结合当时的语境分析语意，仔细观察当时的场合，设身处地地思考对方的境地，才能真正领悟对方的意图，做出正确的判断。

正确地领悟“话外音”，是制定谈话策略的基础，也能保证自己与他人的顺利沟通。一个会“听话”的人需要城府，他并不是一味沉默，而只说自己该说的话，引出对方说“不该说的话”，“听话”与“钓语”相结合，我们才能深入地了解他人，了解真实的情况，进而决定自己的走向。当然，话外音虽多，也不宜过度分析，认为他人话中句句有机心，琢磨个没完没了，把简单的事搞复杂；钓语虽然实用，也不宜与人谈话处处设陷阱，这只会引起他人的警觉和防范之心。言语要有度，做事也要有度，凡事不可过分，才是为人之道。

善反听者，乃变鬼神以得其情

原典

其不言无比，乃[①]为之变。以象动之，以报[②]其心，见其情，随而牧之。己反往，彼覆来，言有象比，因而定基[③]。重之袭[④]之，反之覆之，万事不失其辞。圣人所诱愚智，事皆不疑。故善反听[⑤]者，乃变鬼神[⑥]以得其情。其变当也，而牧之审也。牧之不审，得情不明；得情不明，定基不审。

注释

①乃：于是。

②报：回应、应和。

③定基：掌握对方的主要意见。

④袭：因袭、重复。

⑤反听：文中指发出信息去引诱对方，进而从反馈回来的信息中测得对方的真实情况。

⑥变鬼神：指有如鬼神般灵活多变、玄妙莫测。

译文

假如对方不回应我们的语言，就要改变谈话的方式。用比喻的方法让对方处于动的状态，然后再迎合其心理，使其主动透露出真实的状况，就能够自然而然驾驭对方。自己与对方经过这样几次反复之后，言辞中肯定有象而比之的方法，这样自己的心里就有了底了。如此翻来覆去，什么事都能够从对方的言辞中刺探出来。不论是愚者还是智者，即使圣人都可以通过这种方法引诱他说出来。因此，善于逆向听别人言辞的人，探查情报就如神鬼莫测。游说者言辞应变得当，才能精准地驾驭对方。如果不能准确地驾驭对方，主要是对对方的真实状况不了解；而对对方的真实状况不了解，定下的根本策略就不准确。

解析

反听，是鬼谷子提出的另一条反应术，主要针对对方话中的疑点。反听就是反复思考，反复琢磨，并反复试探对方，既有己方的不断反思，也有对对方的试探与观察，在两方面基础上，得到最真实的情报。这同样是一种应变手法，擅长反听的人，可以从任何人口中套出实情。当然，反听术是一种高超的谈话手法，必须谨慎使用，否则画虎不成反类犬，引起对方的反感，连对话都无法进行下去。

“反听”的基础是反思与反复询问。思考和问话的对象是自己，也是对方。每个人都可能口是心非，很少有人心里想什么，嘴上说什么。涉及彼此的利益，言谈更会慎而又慎。这时候就要在内心里多问自己几遍：“对方是什么意思?”“会不会有另外的意思?”自己先去设想对方的意图，才有反听的方向，才能有目的有步骤地去试探对方。方向正确，就很容易得到对方的实情；方向错误，自己也会被误导，还可能被对方利用。所以，多思明辨是反听的第一步。

有一类人善于隐藏自己，他们往往不多话，即使说话也只说无关紧要的内容，很难从言语推测他们的心思。这时候我们就要采取主动，用反复询问的方式敲开对方的心门，从中得到信息。我们要从他们的谈话中提取有用的信息，或旁敲侧击，或直接询问，或通过对方身边的人来求证，了解对方的意图。其中，最重要的是要考察对方的行为。即使对方一言不发，他所做的事也会泄露他的个性和主张，根据对方的行动继续思考，继续询问，答案就会逐渐浮出水面。

商业社会，谁都避免不了谈判，在谈判桌上，更要运用反听的技巧。谈判常常是艰难而周折的，和己方一样，对方早就做了万全准备，拟定了谈判策略，预先想好的条件中也设计了不少陷阱。这时候必须把对方的每一项意图落到实处，而不能听凭对方指东打西，更不能纵容对方含糊其辞。

生活中，我们依然需要反听技巧的帮助，因为即使亲人和朋友，也不可能对我们毫无隐瞒，他们或者有各自的隐私，或者出于为自己、为我们考虑，说出不实之言。想要知道实情，就需要凭借自己对对方的了解，察觉对方的反常之处，仔细推理，反复询问。当然，在生活中不必事事较真，郑板桥说“难得糊涂”，就是说过于了解某件事，反而带来烦恼。不过，人可以偶尔糊涂，在大问题上，一定要拿得准、听得真。

反听思维的关键在于“反”，这是一种怀疑精神，对什么事都不轻信，不轻易下结论，在心里多问几个“为什么”“真的吗”，能够大大提高自己的判断力。懂得质疑的人会变得谨慎，也就能够做到捭阖者需要的周密，而懂得反复询问、反复确认的人，有实证精神，大大减少了错误出现的概率。

在询问过程中，要尽量降低对方的警惕，更不能引起对方的反感，以轻松的方式交流，注意迎合对方的兴趣，多多赞同对方的主张，都能让对方更容易打开话匣子。善于言谈的人，会根据情况及时变化自己的谈话内容，佐以反听技巧，就很少会被他人隐瞒。需要注意的是，反听技巧不可常用，只有到迫不得已的时刻才使用。总在打探别人的消息，很容易被当成包打听、消息贩子，使个人形象大打折扣。所以，平日谈话尽量不去打探，才能在关键时刻使出杀手锏，让人防不胜防。

变象比，必有反辞

原典

变象比，必有反辞，以还听①之。欲闻其声反默，欲张反敛②，欲高反下，欲取反与。欲开情③者，象而比之④，以牧其辞。同声相呼，实理同归。

注释

①还听：反听。

②敛：收敛。与“张”相对。

③开情：让对方吐露情怀。

④象而比之：在引诱之辞中描绘同类事物之形象，或列举历史上同类历史事例作类比，以启发对方。

译文

纵横策士在游说时要变换比喻和类比的方法，对方一定有反应的言辞，我方再仔细听对方的反馈信息。欲听闻对方说话，自己就要先沉默；要让对方敞开，自己反而须收敛；如果想要抬高自己，反而要先降低姿态；如果想要得到，反而需要先给予对方。要让对方敞开心扉以便了解实情，就要用象而比之的办法，以驾驭言辞。同类的言谈就会彼此产生共鸣，合乎实情的道理必然会有相同的结果。

解析

运用反听之术，要学会听对方话中的“反辞”。反辞，就是对方对我们问话的反应，这种反应既包括对方的言语，也包括对方细微的表情和接下来的行动。人的反应往往是下意识的，不受控制的，如果能第一时间捕捉到对方的一个不经意的眼神，一个迟疑的表情，一句犹豫的话，我们就能顺藤摸瓜，解读他的情绪密码。

所以，在反听中，我们要着重注意对方的反辞，要设置问题，引发对方的反应。在谈话之中，最怕的不是对方大怒或气愤，而是不论我们说什么，对方都如木头一般毫无反应，这种情况才让我们是无从下手。在古代，有智慧的策士遇到这类棘手的人物，都会使用激将法，让对方的情绪发生巨大的变化，不得不开口说话，这就是谈话中的应变之术。

“逢人且说三分话，未可全抛一片心”，人与人间的防备自古已然，并不是人性本恶，而是人在世间压力重重，总有不得已之事，不自由之时，损及到他人的利益。所以为了自保，每个人都学会了周旋应对，学会了说话留几分，甚至说假话、说胡话，或者不说话。但捭阖者想要知人底里，势必要设法得到他人的真心话，这就需要在谈话过程中随机应变。

想听到别人的真心话，自己先要有正确的姿态。鬼谷子说得很明白，想要做的事和先要做的事往往是“反”的，就像种子想要长高，先要把自己埋到泥土里，才可能有发芽茁壮的机会，不懂得欲得先舍，所有的目的都是空中楼阁，很难实现。反听术的目的就是用言辞驾驭对方，使对方在不知不觉间吐露真情，如果以高高在上的姿态诘问，只会让对方反感，觉得难堪，必须以平等又温和的态度与对方交谈，才能取得初步信任。

世界上没有攻不破的堡垒，与人谈话也是如此。每个人都有交谈欲，即使寡言的人，在谈到他的爱好、他的事业、他的特长，也会变得逸兴神飞起来，说得比平常更多。所以，投其所好是善谈者们常用的手法。但在正式的谈判或有对抗意识的交谈之中，双方心中都有警戒，投其所好只能稍稍缓和气氛，不一定能让对方畅所欲言。

是我们展示口才的时候了，在对方毫无交谈之意或倾吐之意时，我们就要负责营造良好的谈话气氛，我们可以不断地围绕主题变更谈话内容，观察对方的反应，一旦察觉到对方有了松动，就要见缝插针，就着这个话题询问对方的意思，并在对方的回答中得到更多的信息。当然，口才的培养不是一朝一夕的事，所谓“口才”也并不是指所有人都要像演说家那样，一开口古今中外、名言警句滔滔不绝，真正的口才只在于口齿清晰、逻辑清楚、内容丰富，简单点说，不结巴，不啰唆，不平板无味，就是一个合格的说话者。

想要探得实情还有一个最重要的砝码：利益。要将对方能够获得的好处或明示或暗示，这才是最能打动人心的东西，只要砝码够重，对方必然要在一定程度上开诚布公，这有助于双方达成一致。如果砝码无效，说明双方根本没有合作的可能，你也得不到想要的利益，说再多的话也是枉然，还是不要白费力气，尽快寻找下一个目标合作对象，这也是及时应变的重要一环。

虽非其事，见微知类

原典

或因此，或因彼，或以事上，或以牧下。此听真伪，知同异，得其情诈[①]也。动作言默[②]，与此出入，喜怒由此以见其式[③]。皆以先定[④]为之法则。以反求覆，观其所托，故用此者。己欲平静以听其辞，察其事，论万物，别雄雌。虽非其事，见微知类。若探人而居其内，量其能射[⑤]其意，符应[⑥]不失，如螣蛇之所指，若羿之引[⑦]矢。

注释

①情诈：真实和虚伪。

②言默：据《捭阖》篇，言为阳，默为阴。此处为阴阳的代称。

③式：规律。

④先定：事先的准备。

⑤射：猜测。

⑥符应：某种事物产生和某种现象发生，必然引起另一种现象发生，古代称之为符应。

⑦引：拉弓的动作，这里指射箭。

译文

反听之法，或用于此处，或用于彼处，或用于侍奉上级，或用于掌管下属。这样就可以辨别出真伪，了解与自己异同的方面，知道对方说的是实情或是欺诈之词。对方外在的身体行动或看内心的喜悦怒，都与反听之法相合拍，也都由反听之法来掌握它的规律。所有这些都要事先制定游说的法则。用“反”来求对方的回应，然后再探查对方言辞背后真实的想法。因此，在用这种方式时，自己先要平心静气地听取对方的言辞，才能探明事理，评说万物，分辨雄雌。即使对方说的不是这件事，也可以从细微的预兆来推测出同类事情。这就像探查敌情必须深入敌境一样，要知悉对方的实力，搞清对方的意图，这种方法就像符节一样吻合、螣蛇一样精准、后羿射箭一样百发百中。

解析

见微知类，是鬼谷子提出的观察推理方法，这种方法既可以用于打探对方虚实，又能用于谈话之中，得到对方的好感和信任。见微知类是说看到微小的细节，就能在脑中勾勒出真相的轮廓，将其进行分类，并了解其实质，推导其发展。在现代，这种方法又有一个神乎其神的名字：读心术。

所谓“读心术”，不过是一种简单推理，不明底里的人觉得神奇，甚至夸大其功效，实际上，“读心术”并不是超自然现象，没有人能确切知道另一个人心里究竟在想什么，他们了解的一切，不过是通过细致的观察，进行合理的推理，这种推理过程是不动声色的，所以一旦说出结果，往往出其不意，让人惊讶。

柯南·道尔塑造的著名侦探福尔摩斯，与助手华生第一次见面的场面一向被推理迷们津津乐道。福尔摩斯看到华生，就知道他是一个刚刚从阿富汗战场回来的军医。这就是福尔摩斯运用演绎法，根据华生身上透露的细节做出的推断：从气质与身份的结合上，他推论华生是医生；从手腕两种不同肤色上推论华生刚从热带回来；从华生憔悴的面孔和受伤的手臂推论出他刚从战场回来……读心术也好，推理也好，见微知类也好，一旦说出了思考过程，人们都会“啊”的一声，不住点头，认为这神乎其神的推论既不复杂也不困难，但真要实际操作，却发现困难重重。

想要见微知类，首先需要培养观察力。不能只看着对方的脸，要注意对方的每一个表情、每一个动作，甚至身上穿的衣服、脚上穿的鞋、手中拎的包，都可能透露出关于对方情况的重要信息，观察越细致，对方的形象越是丰满，推理的论据也越多，而我们需要推出的结论往往只有一个：对方是个什么样的人。

想要知道对方性格如何，就要在大量观察基础上归类。物以类聚人以群分，万事万物都可以归为某一种类，人的性格更是如此。君子有君子的操守，小人有小人的举动，市井小民和达官贵人的追求也很难一致，这些区别造就了人的不同习惯、不同气质、不同爱好，只要仔细分析，总能察觉到对方属于哪一类群体，这时就可以根据经验，试探地说出一些此类人的情况。

如心高气傲的人总是得罪人，难免怀才不遇；性格温软的人很少拒绝他人，难免被人当软柿子；沉默寡言的人不擅长表达，总是被人误会……只要我们细心观察，就会发现一类人总有一类遭遇，八九不离十。将你的猜测以关心、感叹的口吻说出来，对方就会惊讶于“你怎么什么都知道”，也因为他并没有开口，更会对你高看几分，有了这个基础，再去交谈，对方就会觉得什么都瞒不过你，索性敞开心扉。

使用见微知类需要注意的是，一切推论必须建立在准确观察的基础上，不能信口开河地胡乱猜测，一定要做到不说则已，说了就要一语中的，直击对方心底。不然，你猜了一次又一次，只会让对方觉得你胡搅蛮缠，不像个会读心术的智者，倒像个算卦骗钱的。鬼谷子提倡的反应术，要求使用者必须有大量阅历和足够的机智，所以，在没有把握之前，还是不要搬弄这些技术，潜心修炼，否则弄巧成拙，只会让事情变得更复杂。

故知之始己，自知而后知人

原典

故知之始己，自知而后知人也。其相知也，若比目之鱼[①]；其见[②]形也，若光之与影。其察言也不失，若磁石之取针，如舌之取燔骨[③]。其与人也微，其见情也疾[④]。如阴与阳，如圆与方。未见形，圆[⑤]以道之；既见形，方以事之。进退左右，以是司之。己不先定，牧[⑥]人不正。事用不巧[⑦]，是谓忘情失道。己审先定以牧人，策而无形容[⑧]，莫见其门，是谓天神。

注释

①比目之鱼：只有一只眼睛的鱼。古人认为这种鱼经常协同并游。

②见：通“现”，出现。

③燔骨：燔，烧、烤。燔骨指烤烂的肉骨头。

④疾：迅速。

⑤圆：这里指灵活的方法。

⑥牧：驾驭。

⑦事用不巧：未能做到己先定而仓促行事。

⑧形容：指形状和容貌。

译文

因此，要弄清情况，就要先真正认清自己，然后才能认清别人。知己和知人，就像比目鱼一样缺一不可。而对方显露出来的形态，就像光和影子一样准确无误。有自知的人，在探察别人的言辞时，就不会失误，就像用磁铁去取针或用舌头从炙肉中剔出骨头一样容易。果能如此，则自己暴露给对方的很少，但探查到对方的信息却非常迅速。就像阴和阳、圆和方的之间关系。如果尚未探明对方的实情，就用圆融的言辞去对引诱对方说出来；如果已经掌握了对方的情况，则直接按照既定的策略去行动。无论是前进还是后退，向左还是向右，都要坚守这个原则。总之，如果自己不先制定策略，就不能有效地驾驭对方。如果在己方未定的情况下仓促行事，那就是忘记事物的规律。只有自己先制定策略，才能驾驭别人，做到运用计谋自然而不漏痕迹，没有人能够看出其中的门道，这样才可以称为“天神”。

解析

捭阖之道基础是知人，知道对方的性格、志向、爱好、习惯等各方面的状况，推测出他的心理，才能顺利地说出他想听的话，明白他想要的东西，清楚他会做的事，进而在双方的交往中掌握主动。知人，不论在工作中还是生活中，都能为我们带来实际的益处，避免被伤害，并与那些志同道合的人合作，得到更多的利益。

知人，需要观察，需要类比，需要在交往过程中不断试探磨合，才能将一个人的心理琢磨透。知人有一个前提就是自知。鬼谷子说：“自知而后知人。”想要知晓他人的一切，必须先了解自己的一切，否则，即使知道了他人的底细和动向又有何用？不知道自己要做什么，不知要自己要和对方发展什么样的关系，一切便无从谈起。

古希腊德尔斐神庙上刻着举世皆知的神谕：认识你自己。认识自己并不是一件简单的事，我们很难准确地评估自己的能力，也很难确切地说明自己的个性。人性是捉摸不定的东西，有时候我们似乎喜欢某些东西，但那也许只是随大流，在潜意识里，我们并不喜欢。所以我们常常听到别人说：“我不了解自己，也不知道自己究竟想要什么。”以这种茫然的心态“知人”，不过像听了一个故事，看了一本书，无法改变现实生活。

对自我能力的评定更让人头疼，过分自信和过度自卑是现代人的两个心理误区，前者因为从小被娇惯，少受挫折，就心比天高，以为自己什么都做得到，根本不懂人外有人的道理；后者总在怀疑自己，遇事首先想到回避，根本不相信自己的能力。这两种人的自我评价要么太高要么太低，前者“知人”，认为所有人都不如他，得到的是一败涂地的教训；后者“知人”，认为所有人都比他强，结果那些不如他的人一再走在他前面，他只能是失败者。

所以，鬼谷子才在《反应》篇的末尾特意强调“自知”的重要性，一个人对自己的认识不明确，对别人的看法也只能是偏的、差的、错的。只有知道自己的优点、缺点、弱点，知道自己的优势、资源、缺失，知道自己性格、习惯，适合什么不适合什么，才能在知人的过程中，做出对自己最有利的应对决定，而不是茫然无措，跟着别人的步调走。

如何自知？自知需要自我观察、自省和他人的反馈。对他人的观察、推类也要用在自己身上，不要觉得自己与他人有什么不同，把自己看做一个客观存在，甚至一个陌生人，重新观察审视，就会发现自己身上有自己从未察觉到的优点以及缺点；要经常自省自己的行为，明白自己什么事做得对，什么事做得不对；也要注意他人对自己的评价，个人有个人的看法，他人的评价未必真实地描述了你，但多一个角度就多一种思考，我们能够通过别人的眼睛看到自己，这本身就是一种收获。自知还有一个好处，就是我们能够全面地了解到自己的弱点，尽量隐藏，或提防他人攻击我们的弱点。

做到了自知，才能更好地知人，然后结合双方情况，确定两个人都能接受的相处方式和合作方式。《鬼谷子》这本书一再提倡自我修为，强调想要知人必须自知，想要引导他人必须先引导自我，自我是一切的起源，与大道同源，只有不断提升自我，才让一切捭阖谋略成为可能，这是我们在阅读《鬼谷子》、阅读一切经典的时候必须知道的事。

内揵第三

事皆有内揵，素结本始

原典

君臣上下之事，有远而亲，近而疏，就①之不用，去之反求②。日进前而不御，遥闻声而相思。事皆有内揵③，素④结本始。或结以道德，或结以党友，或结以财货，或结以采色⑤。用其意，欲入则入，欲出⑥则出；欲亲则亲，欲疏则疏；欲就则就，欲去则去；欲求⑦则求，欲思则思。若蚨母⑧之从子也，出无间，入无朕，独往独来，莫之能止。

注释

①就：靠近。

②求：聘请。

③内揵：指心灵相通，衷心信任。

④素：平素、平时。

⑤采色：采，通“彩”，这里指炫丽的色彩。色指女色。

⑥出：出世，不参与政事。

⑦求：使动用法，使之求，指让君主聘请。

⑧蚨母：青蚨。青蚨是一种比蝉稍大一些的昆虫。古人认为，这种昆虫一旦遭遇危险，它的母亲无论多远都会飞来相救。

译文

在君臣上下之间的关系中，有的与国君离得很远但关系却很亲近，有的距离很近但关系却很疏远。有主动亲近国君的人，反而不被国君所用；有远远离开的人却被国君设法得到。有人天天在国君面前却得不到重用，有人只是被国君远远听到名字，国君就想方设法地要得到他。这种情况要取决于臣下是否能探知到国君的内心，平时在根本问题上能否与国君交心。他们有的因道德观念一致而互相结交，有的是因理想、志向一致而结交，有的靠钱财和物品相结交，有的因美色相结交。能够揣测国君的意图，就能够做到在仕途上想进就进，想出就出；想亲近就亲近，想疏远就疏远；想靠拢就靠拢，想离去就能离去；想被国君征召，就能被国君征召，想让国君想念自己就能够真的做到。就像母青蚨时刻追随着蚨子一样，出没有缝隙，入没有痕迹，自由地独来独往，没有人可以阻止。

解析

《鬼谷子》第三篇讲“内揵”，内揵就是心内之锁。鬼谷子所处的时代，有才能的人想要得到地位，必须为君主服务。战国时代最著名的纵横家苏秦与张仪，正是鬼谷子的弟子，他们能够名重一时，鬼谷子的教导功不可没。在各国国君身边并不缺乏擅长口才的说客，如果能准确打开君王的内心，让君王赞同、欣赏、聘用自己，是《内揵》篇探讨的问题。

鬼谷子认为，君臣间的关系来自平日的相处和结交，其本质仍是合作者。君主固然位高一等，但他的内心世界与普通人无异：他们也希望得到志同道合的同伴，他们也有自己的喜好，他们也有自己的弱点。一旦掌握了君主的内心世界，即使以臣子的身份与他们结交，也可以掌握主动权，君主的心思和行动都可以在自己的意料之内。

懂得内揵的人，就掌握了打开人心的钥匙。每个人都不希望自己的内心世界是完全敞开的，那意味着失去自我空间，意味着有被人控制的危险，所以，位置越高的人，越会掩藏自己的心思，为的就是让人捉摸不透，不但让对手琢磨不透，还要让自己人也猜不透，这样才能防止对手战胜自己，也防止自己人倒打一耙，取己代之。

了解人类内心的危机意识，在了解、试探他人的时候就有了分寸，想要进入他人的内心世界，最好的办法是顺势而为，自然而然，不引起对方的警觉，反而能让对方欢喜。而粗暴的询问、蹩脚的试探则会起到反效果。所以，顺着对方的意思才是最好的办法，当然，顺着对方的个性并不意味着溜须拍马，说尽奉承话，这样同样会引起对方警觉，甚至把你当做小人疏远。在保持自己个性、风度的基础上，尽量投合对方的爱好，才是妥当的做法。具体的方法在《捭阖》篇、《反应》篇里有详细的解说，不外乎观察、思考、随机应变的言辞。

《内揵》篇对现代人的指导意义，主要体现在职场，特别是上下级的关系之间。多数人都要面对职场的种种烦恼，上司和下属之间并不只有雇佣关系，下属想要升职、想要发展、想要得到上司的支持、获得上司的好感，就需要去了解上司的心思。说得更远一点，职场中的每个人都有可能成为自己未来的上司或事业上的贵人，如何与他们保持良好的关系，也是我们必须思考的问题。何况，我们也有可能成为别人的上司，了解上下级的不同心态，也有助于我们未来的发展。

使用内揵之法，首先要摆正自己的位置，鬼谷子与强调忠君爱国的儒家学者不同，他将个人摆在和国君同等的位置，个人需要国君提供舞台施展所长，国君需要有能力的人帮他治理国家，两者是互相依赖、相辅相成的关系。在职场中也是一样，雇佣关系不代表上司就是自己的衣食父母，也不代表我们什么事都要按照上司的意思去做，我们选择一份工作，是为了发挥自己的能力，得到更多的机会；而上司选择我们，是为了创造价值。从这个意义上来说，上司与下属相互需要，在两者的关系中，下属也完全可以掌握主动。

内揵之法作用于职场，能够帮助我们顺利处理与上司之间的关系。它同样可以运用在生活中，让我们更好地掌握他人的心理活动，更好地维持与他人的关系。人与人的亲疏离合看似有定，其实仍然把握在自己手中，关系要靠自己营造，感情要靠自己维持，这是内揵之法给我们的有益启示。

详思来揵，往应时当

原典

内[①]者，进说辞也；揵者，揵所谋[②]也。欲说者，务隐度[③]；计事者，务循顺。阴虑[④]可否，明言得失，以御其志。方来应时[⑤]，以合其谋。详思来揵，往应时当也。

注释

①内：同“纳”，即被君主接纳。

②揵所谋：进献计谋。

③隐度：暗中揣摩。

④阴虑：暗中考虑，意思与“隐度”相近。

⑤应时：切合时宜。

译文

内的意思，就是向国君进言；揵的意思，就是向国君献计。想去说服国君，一定要先暗中揣度国君的意图；想去向国君献计，一定要顺着国君的心愿。自己先在背后考虑是否可行后，再公然向国君分析事情的得失，以此来切合国君的志向。如果是直接向国君献计要掌握好时机，以切合国君的谋略。如果是事先仔细周密地计划后，再去向国君献计，则没有不当的。

解析

“内揵”一词继续延伸，就涉及其丰富的内涵，内揵之术，只明白君主的所想是远远不够的，鬼谷子是一个实用主义者，任何思考都必须应用于实践，才有意义。所以，内揵的目的不是为了了解他人，而是为了在了解的基础上结交他人，并为他人献计献策，然后实现自己的目的——任何行为都有目的，不做无用功。

在职场上，下属希望得到上司的赏识和信任，最好还能与上司更亲密一些，这样有助于自己今后的发展，也能得到更多的机会施展才能。所以，如何与上司说话，如何为上司出谋划策，就是表现自己的最好机会。上司和下属的关系是特殊的，并不是每一位上司都有伯乐的眼光，下属想要出头，就需要表现，并表现得比他人更好。

下属想要展示自己的才能，得到更多的成绩，并不能任意而为，必须要取得上司的支持，这个时候，太过个性化的人并没有多大优势，而那些懂得揣摩上司意思的人，更有机会得到上司的提拔。要记住公司不是你的，说得算的人是你的上司，上司点头是你发展才能的前提条件，否则你只能抱着怀才不遇的清高，看着上司提拔其他人。

想要到更高的位置，首先要看清自己的位置，只有为上司考虑的下属，才能真正得到上司的信任和认同，所以，暂时放下个人的主张和个性，想想上司的立场，上司的担忧，上司的麻烦，以上司的思路考虑问题，就知道上司希望得到什么样的结果。唯有如此，你才能真正懂得上司想要的是什么，当你和他交谈的时候，才能恳切真诚，有的放矢，让上司了解你的心思和诚意，进而与你加深关系。

上司不是朋友，不是同事，对待上司不能畅所欲言，必须时刻注意上司与下属间的分寸。所以，不论闲谈还是提出方案，都要经过仔细的考虑，揣摩上司的心思，尽量符合他的想法，又提出自己的创见。试着换位思考，假如你是一位上司，你是希望展示自己的想法，还是别人的？所以，尽量向上司靠拢，是得到上司重用的最好方法。

对上司进言切忌信口开河，一定要把前因后果反复思考。例如，想要上司通过一份提案，一定要想想这份提案能给直属上司带来什么样的好处，而不单单是考虑自己的一展所长。强调一份提案的优点，也要尽量说明它的通过会给团体（特别是上司本人）带来什么样的利益，说得越详细，越能打动上司的心。当然，不能光说好处，还要说说可能会遇到的困难，并说出解决困难的办法，如此更能显现出你的胸有成竹。

向上司进言时要注意恰当的时机。上司烦恼时提出解决方法，无疑会给他留下最深刻的印象，这种对时机的把握，同样需要我们对职场环境、对上司的状态有长期的仔细的观察，才能找准机会。有些人有好的想法，好的方案，却偏偏挑上司要下班的时候、要娱乐的时候、要休息的时候去说，显然会降低印象分。

与上司谈话要多想，给上司建议要抓准时机，掌握上司的心理和生活习惯，就能摸索出与上司相处的最佳方式，久而久之，上司会视你为自己人，有什么任务总能想到你，有什么麻烦也会主动和你商量，只有足够聪明的人，才能在上司心目中占据这样的位置。

揣切时宜，从便所为，以求其变

原典

夫内有不合者，不可施行也。乃揣切时宜，从便所为①，以求其变。以变求内者，若管②取揵。言往③者，先顺辞也；说来者，以变言④也。善变者，审知地势，乃通于天，以化四时；使鬼神，合于阴阳，而牧人民。见其谋事，知其志意。事有不合者，有所未知⑤也。合而不结⑥者，阳亲而阴疏⑦。事有不合者，圣人不为谋也。

注释

①从便所为：指方便实施。

②管：钥匙，这里指门锁和钥匙。

③言往：讲历史。

④变言：有变通余地的话。

⑤知：了解、掌握。

⑥结：认可。

⑦阳亲而阴疏：表面亲近，私下疏远。

译文

如果自己的策略与君主的内心不相符合，就不要贸然行动。而要揣摩时机是否合适，要试着从便利处入手，即时改变策略。用灵活变通的策略来适应内情，就好比用门闩来代替门锁一样进行变通。在谈论过去已经发生的事情时，要顺着国君的意思来说；在谈论将来的事情时，要用变通的话来说。善于应对变化的人，一定是熟知各国的地理和形势、精通天象，能够预测四时的变化；如此就能够做到驱使鬼神，使计谋与行动合于阴阳之道，以统治广大民众。看到国君谋划事情，就能猜测他真实的意图。如果自己所行之事有与国君之意不合的，肯定是因为我们对国君的意图还有不了解的地方。即使自己主动去迎合他，也不能与国君结交得很近，即使国君表面上与自己亲近而实际上却很疏远。因此，不合于国君之意的事，圣人是不会谋划的。

解析

语言是一门艺术，说话是一门学问。在日常生活中，不会说话的人常常遇到麻烦；而在工作中，不会说话直接影响到同事关系、上下关系、对内对外关系。特别是与上司说话，更需要提高警惕，小心应对，无数事实证明，不管一个人会不会说话，与上司说话都要多加小心，否则很可能因为一句话，就让上司失去好感。

在古代朝廷，最难做的官莫过于谏官，谏官专门负责寻找皇帝和朝廷的错处，提出来请皇帝改正。中国两千多年封建历史，真正能够纳谏，即使大臣说得不好听，依然听从的皇帝屈指可数。大多数谏官因为提的意见揭了皇帝的短，或行为不合皇帝的意，落得身首异处的下场。即使那些与皇帝关系亲密的臣子，也可能因为某句话没说对，招来灾祸。所以，历来人们感叹“伴君如伴虎”，和上位者相处，从来都不简单，直到现代也是如此。

如何与上司沟通，是很多职场新人以及一些职场老人烦心的问题，鬼谷子认为与君主（上司）说话，一定要清楚他的想法，以灵活的言辞，顺着上司的想法说。上司需要考虑的事情多，思想也更加复杂，所以，下属说话的时候必须多多考虑。

例如，想要上司察觉到自己的能力，在上司面前发表观点，要记得收敛锋芒，不可以让上司觉得你比他还要厉害，更不要因为一点成绩而沾沾自喜，认为都是自己的功劳。

例如，平日与上司聊天，尽量不要顶撞上司，即使上司说的有问题，即使他的观点让你不悦，也不要忘了这个人掌握着你的升迁大权，人在屋檐下，不妨低低头。

例如，你的意见更好，提案更棒，想法更出众，如果上司不予采用，也不必垂头丧气，甚至大摆脸色，这会让上司认为你在威胁他……

上司不喜欢下属太露锋芒，不喜欢下属居功自傲，不喜欢自己的权威被驳斥，所以，下属最好的应对方法就是收敛锋芒，有了功劳也要感谢领导的英明指挥，要把上司摆在上司的位置上，和上司说话需要小心恭敬，即使提出建议，也要尽量使用柔和中性词汇，“我有一个新想法，需要您帮我看一下是否可行”“我对目前的工作制度有些意见，不一定正确”……这样的表述，往往更容易为上级所接受。和上司说话要懂得给自己留余地，不要把话说得太死，以免日后无法回旋。

要牢牢记住我们与上司之间是雇佣关系，大老板愿意出钱雇佣员工，是希望员工按照自己的意思办事，把事情办好，而不是出钱为员工投资，让他们按照自己的意思办事。想清楚这一层，就更能心平气和地接受上下级之间的关系。与他们说话的时候，就更能主动地揣测他们的意思，并以他们的意思为考虑，做他们希望员工做的事。

总是有人抱怨工作上的不自由，认为环境限制了自己的发展，这其实是一种怨天尤人的心态，选择环境的是自己，并不是别人，如果不能放弃这个环境，只能努力地在这个环境中做出成绩。与其抱怨，不如尽快融入工作，想想做些什么，能让老板更加器重自己。

圣人立事，以此先知而揵万物

原典

故远而亲者，有阴德①也；近而疏者，志不合也。就而不用者，策不得也；去而反求者，事中来②也。日进前而不御者，施③不合也；遥闻声而相思者，合于谋以待决④事也。故曰：不见其类而为之者见逆⑤，不得其情而说之者见非⑥。得其情，乃制其术⑦。此用可出可入，可揵可开⑧。故圣人立事，以此先知而揵万物。

注释

①阴德：指暗中相得，即心意相合。德，通“得”，得君心。

②事中来：指预测之事应验。

③施：措施。

④决：决断。

⑤见逆：被排斥。

⑥见非：被否定，被诘难。

⑦术：决策。

⑧开：离开，这里与“揵”相对。

译文

因此，那些国君表面疏远但实际亲近的人，一定是因为他们与国君暗中心意相合；那些国君表面亲近但实际疏远的人，一定是因为他们与国君的心意不能相合。主动接近而不被重用的人，是因为他谋略不合于国君之意；离开后而又被国君请回来的人，是因为他谋划的事情被证明是对的。每天在国君面前出现却不被重用的人，是因为他的行为不符合国君的心意；而国君只在遥远的地方听到他的名声就一直想着的人，是因为他的主张与计谋都与国君相一致，国君等着他来参与重大决策。因此说：见不到共同之处而匆忙行事，必然会适得其反；掌握不到确切的情况就去游说，必然被否定。只有得到实情，才能制定出相应的策略。用这样的方法，就可随时出入朝堂，可以契合国君之意，而使君主敞开心扉。因此，圣人立身处世，就是以预先获悉实情为要，以此才能够掌控万物。

解析

人与人的关系不过亲疏离合，亲疏由主观决定，离合更多被客观条件影响。人与人的亲疏讲求缘分也讲求经营，看似能够相处愉快的两个人，接触后未必欣赏对方；看似不搭边的两个人，很可能成为莫逆之交。亲近的人一旦被客观条件分离，彼此是否能够始终相信对方，就成了一大考验；疏远的人也可能被客观环境绑在一起，能否友好相处，达到共同目标，也考验了双方的素质。人际关系中没有那么多想当然，一切都要从实际入手。

亲，是因为有共同点，有共同的爱好、共同的追求、共同的利益，即使截然不同的两个人，也能亲密无间。所以，在与人交往时注意投合对方的爱好，正是在追求共同感。人是感情动物，由共同感建立的两个人的关系，比普通的利益关系更多了一层亲密，更不容易离散，即使面对冲突，也有更多的退让空间，更容易解决。

疏，是因为志向不合，一个喜欢阳关道，一个喜欢独木桥，根本走不到一块儿。和人交往时如果时不时地挑剔对方、否定对方，那么即使被利益捆绑在一起，也会各怀不满，甚至会给对方使绊子。还有的人因为个人喜好，单纯地与某类人不合拍，这时需要保持最合适的距离，还要注意控制自己的情绪，不要让个人喜好影响到实际利益。

上司与下属的关系同样如此。上司亲近一个下属，是因为他认为这个下属不但有能力，更难得的是和自己有共同的追求，一心一意为自己做事，把事情交代给这样的下属，心里踏实。即使这个下属不在自己身边，上司也觉得放心。而一旦下属离开太久，就觉得缺了左右手，总是不习惯。而上司疏远的人，多半只有能力，和上司没有更多的往来，一个出钱一个出力，如果这个下属的工作人人都可做，那么他在公司可有可无，随时都可以辞退。可见，与上司的亲疏关系，会对一个人的职业生涯有多么大的影响。

也许有人会说，个人有个人的追求，哪里有那么志同道合？难道一定要收起自己的主张迎合对方？这是一种偏颇的理解。所谓的“同”，并不是说两个人在各个方面完全一致，也不是说两个人在某一方面完全相同，而是一种认同感。你未必支持一个人的某种想法，但你理解他这种想法，理解他的立场，不强求他改变，这就是认同。

在认同的基础上，很多事就可以顺理成章，不同见解的人可以在一个团体中和谐相处，因为彼此尊重。在有共同利益的前提下，一个人也可以在一定时间内支持另一个人，完成他的主张，这并不是扔掉自己的想法，而是为了更大的目标，暂时放下个人的意见。一个能够认同他人的人，自然会得到他人的敬重，以此和他人建立亲密的关系。

下属对待上司，也要追求一份认同，和一份求同存异。每个人对事业对人生都有自己的主张，对未来也有自己的蓝图。而上司能提供的，也许只是一个小小的舞台。甚至上司的追求和自己完全不同，上司的个性并不符合自己的喜好，但既来之则安之，要记得自己是上司的下属，是团体的一员，团体的成绩就是自己的成绩，团体的发展就意味自己有更好的未来。所以，试着去理解上司，融入团体，培养认同感，既能让自己在团体中如鱼得水，也能受到上司的另眼看待，并因此了解公司上下一切情况，收获更多的晋级资本。

欲合者用内，欲去者用外

原典

由夫道德、仁义、礼乐、忠信、计谋，先取《诗》《书》，混说损益，议论去就。欲合者用内[①]，欲去者用外[②]，外内者必明道数。揣策[③]来事，见疑决之。策而无失计，立功建德。

注释

①内：指向君主取宠的方法。

②外：指不向君主苟合取宠。

③策：计谋。

译文

进行游说时，要从道德、仁义、礼乐、忠信、计谋等方面开始进言，先从《诗经》《尚书》中引经据典，再混合上自己的语言，来分析利弊得失，议论天下大事，决定自己的去留。如果要留下来辅佐国君，就要想办法与国君的内心相契合；如果决定离开，那么就尽可能低调，置身事外。不管是采用外还是内的策略，都要符合与国君交往的规律。对遇到的疑难事情，先揣测清楚然后再出计谋解决它。如此谋划的策略从来没有失误的，也才能建立功德。

解析

君主与臣子、上司与下属，是一种特殊的合作关系。在古代，君主是天子，是主宰，他们可以任意选用、罢免臣子，臣子没有决定权，也没有反对权。有些有个性的能人甘愿隐居，不理会官场，但他们同时也失去了施展才华的舞台。所以，君主和臣子的地位不平等。

鬼谷子却认为，臣子和君主一样，同样有选择权，臣子固然要揣测君主的意思，按照君主的意思来献计献策。但是，臣子不应在一棵树上吊死，当他们发现君主的理念与自己实在合不来，或者君主的素质不高，或者不满意君主的行事作风，他们可以选择离开，为其他君主做事，正所谓“良禽择木而栖，贤臣择主而从”。这种意识和儒家学者倡导的忠君爱国完全背道而驰，难怪历代正统学者斥责《鬼谷子》为变害人心的杂书。但是，鬼谷子的这一观念，就恰恰与现代人的进步思想不谋而合，以此也能看出鬼谷子的智慧超越了年代的限制，有悠久的生命力。

每个有才能的人都需要舞台一展所长，绝大多数的人没有经天纬地的大智慧，他们能够做的是选择一份职业、一家公司、一个团体，在与自己能力相符的岗位上继续学习提高，以期更大的舞台。当今社会竞争激烈，每个人都知道找一份工作的不易，很多人希望有长久的稳定，于是即使面对恶劣的环境，也一再劝自己去适应。

而鬼谷子认为，一个人必须要有选择意识，要把眼光放高放远，要知道任何人想发挥自己的才干智慧，必须要选择一个适合自己生存和发展的环境。例如，在公司，你碰到一个很难沟通的主管，你试了很多种沟通方法，她还是不近人情，天天板着脸，不给一点好脸色，弄得你一上班心情就很差,无法全心工作；例如，你所在的单位或管理混乱，或人浮于事，你的潜能和长处都得不到有效发挥……这个时候，你需要考虑的不是改变环境，而是更换环境。在下一个环境中，也许你就是他人眼中的良才。

当然，鬼谷子并不是鼓励人们朝秦暮楚，他所说的“合”与“去”，不是凭一时间的感觉来判断，而是在大量事实的基础上做出的理性选择。鬼谷子认为臣下出谋划策，必须符合《诗经》《尚书》等经典著作中的礼义，而不是损人利己，用这样的谋略去迎合君王的目的，然后观察君王的反应，再决定自己是否要为君王服务。这就是说即使求同存异，也不能违背自己的大方向、大志愿，如果与君王无法合拍，那么与其屈才，不如另谋高就。

一个人应该对自己的团体保持一定的忠诚，但忠诚变成愚忠，就会损及根本。所以，当发现自己在一个环境中完全无法施展，或者与上司根本无法沟通，在所有努力都无效的情况下，就要懂得决断，尽早离开。不需要担心在新环境中会遇到同样的问题，新环境所带来的压力，会促进你尽快提高自身能力，就个人而言，这也是一种有益的学习。

在工作上，原则和灵活缺一不可，只有原则就会迂腐不前，只知机变就会朝三暮四，在多数时候我们需要坚持原则，但发现情况过于不利于自己，就要尽快转变思想和心态，合则用不合则去，到最适合自己的地方，将选择的权利牢牢握在自己手中。

环转因化，莫知所为，退为大仪

原典

治名[①]入产业[②]，曰揵而内合。上暗不治，下乱不寤[③]，揵而反之。内自得而外不留[④]，说而飞[⑤]之。若命自来，己迎而御之。若欲去之，因危与之。环转因化[⑥]，莫知所为，退为大仪[⑦]。

注释

①治名：指明确君臣关系。

②入产业：指治理民众。

③寤：通“悟”，醒悟。

④不留：听不进意见。

⑤飞：假意称颂。

⑥环转因化：指依据不同类型的君主、根据不同的政治情况随机应变，运转自如。

⑦大仪：基本原则。

译文

辨析分清君臣之间的名分，使国家财富增加，国富民强，这就叫从内部与国君相契合。如果国君昏庸不明，国家得不到很好的治理，臣下作乱而不觉悟，自己就要做好计划返身而退。对付那些自以为是、不肯接纳别人意见的国君，自己只能假意称颂他，以钓取他的欢心。这时如果国君命人征召自己，就接受任命，侍奉君王，然后推行自己的政治主张。假如自己要离开国君，就告诉国君因为自己留下来将会危害到他。去留之策，就如圆环一样不断转动转化，让人猜不透其真实的想法。如果能做到这样，就算真正懂得了全身而退的根本原则了。

解析

《内揵》篇的末尾，鬼谷子说到了“退为大仪”，虽然经常被教导“生活如逆水行舟，不进则退”，但如果风浪太大，不适宜继续航行，暂时隐退，或者另谋出路，才是最好的办法。鬼谷子不赞同死心眼，只相信人有才能必须发挥。所以，发现情况不对及时抽身，也是一种谋略，一种智慧。

当然，身在局中，想要退出也没那么容易，特别是上司拿出诚意想要挽留的时候，碍于情面，很难将退出的主张坚持到底。这个时候，依然需要内揵之术，要琢磨对方心中所想，明白对方挽留自己的原因，然后告诉对方自己留任将会违背他的愿望，给他带来不必要的麻烦，如此说服对方，是站在对方的利益上考虑，对方自然不会继续强求。

在历史上，我们总能看到许许多多的勇士、贤臣、智者一往无前，为了国家人民不考虑自己的利益，立下汗马功劳，但却鲜少看到他们能安然终老，他们似乎走着一条有进无退的道路，事实上，他们有机会退，却因为种种原因，没有退，或者不知道该如何退，最后落得令人唏嘘的下场。

在现实中，我们也总能看到有人身陷在麻烦之中，想要抽身却苦于没有方法，他们总是瞻前顾后，或者留恋一些利益，或者顾忌一些人情，不能爽快地说出自己的想法，只能不断浪费着自己的时间，他们不止一次后悔当初要做出这样的选择，却不知道如今他们需要的不是后悔，而是一声干脆的“不”。

当然，退出这个行为可大可小，不是一个“不”字就能解决的，想要退得干净漂亮，需要考虑更多问题。例如，有些人认为退出是一种背叛行为，这时候就需要解释自己这么做的理由；有些人苦苦挽留，这时候就要给对方陈述利害，告诉对方与其留住心不在焉的自己，不如另外找合适的人选……在加入的时候，需要摸透他人的心思，才能取得信任，得到机会；在退出的时候更是如此，以对方能够信服的理由退出，才能人走留香，今后见面也是朋友，而不是曾经撕破脸的尴尬。

进退得宜，是很多人追求的风度。想要退出的时候要顾全对方的担忧和颜面，不能说走就走，不给交代，这是不负责任；也不要发生争吵，一拍两散，这很容易结下仇怨；坦然说明自己的理由，帮对方安排好后续工作，这是最正常的做法；最好的做法是鬼谷子所说的“大仪”，也就是站在对方的角度说明自己离去的种种好去，让对方不但愿意放行，还会感念你的拳拳之心。

每个人都希望来去自如，来的时候能够受到尊重，走的时候能够不被人抱怨，这就是内揵之术所追求的效果。鬼谷子认为一个人必须把来去的理由都藏在自己心里，来的时候，迎合、顺从上司的意思，让上司知道自己是可用之才；走的时候，则对上司表示自己不再“可用”，只要能够准确揣摩到上司的心意，就能做到一切合乎自己的心意，又似乎一切都在为他人着想，就像圆环旋转一样无始无终，自如自在。

《内揵》篇一再强调个人的主观能动性，认为有才能的人要主动寻找舞台，主动寻找机会，主动选择环境，而这一切的基础是自知，也是自强。只有有能力的人才有真正的选择权，没有足够的学识和能力，就算百分之百看透了老板的心思，总能说出老板满意的话，老板也不会把机会交给一个只会耍嘴皮子的人。所以，想要掌握主动权，先主动提高自己。

抵巇第四

有近而不可见，有远而可知

原典

物有自然[①]，事有合离[②]。有近而不可见，有远而可知。近而不可见者，不察其辞[③]也；远而可知者，反往以验来也。巇者，罅也。罅者，峒[④]也；涧者，成大隙也。巇始有朕[⑤]，可抵而塞[⑥]，可抵而却，可抵而息，可抵而匿[⑦]，可抵而得[⑧]。此谓抵巇之理也。

注释

①自然：天然的，非人为的，此指有规律。

②合离：分合的规律。

③辞：通“异”，指事物、事件本身所具有的特点。

④峒：指山与山之间的缝隙。

⑤朕：通“朕”，指迹象。

⑥塞：堵塞。

⑦匿：藏匿。

⑧得：得到，取代。

译文

万物发展都有其自然的规律，事物之间，有时相合，有时相离。有时近在咫尺却看不见，有时相距遥远却知道得很清楚。近在咫尺却见不到，那是因为不能认真探察对方的言谈；相距遥远却被人了解得很清楚，那是因为自己能够借鉴以前的事情，寻找曾经发生过的类似的先例，用以往的经验来验证将来发生的事情。所谓巇，就是小缝隙，小缝隙任其发展就会成为大缝隙。小的缝隙在最开始的时候是有预兆的，最初可以弥补堵塞；可以使其消除；可以使其平息；可以使其隐匿消失。但如果已经到了无法挽回的地步，就只能用新的事物来取代它了。这便是抵巇之道。

解析

《抵巇》篇是《鬼谷子》的第四篇，讲的是寻找事物缝隙，加以弥补或利用的方法。抵巇，就是堵塞缝隙之意。这是一种防患于未然的思维方式，世间事物总有缝隙，小的缝隙一旦变大，就可能导致巨大的灾祸。俗语说，千里长堤溃于蚁穴，唯有智者才能从小小的蚁穴看到潮水冲毁堤坝，泛滥成灾的危险，而庸人总认为智者小题大做，杞人忧天。人们对小问题的忽略，正应了鬼谷子所说“近而不可见”；而智者对小问题的觉察，也应了“远而可知”。

鬼谷子深入了解“小恶不除必为大患”的道理，以哲学角度来看，任何事物都是从量变到质变，每一个微小的变化都在悄悄改变整体的性质。拿孩子的教育为例，一些习惯看似无关紧要，不会产生大影响，但天长日久，积重难返，就会成为他们的弱点、缺点。我们对自己常常是“宽容”的，对很多事也愿意得过且过，这就造成了我们对日常生活中的细微变化视而不见。

为什么人们强调“勿以恶小而为之”“勿以善小而不为”？正是因为有智慧的人明白点滴小事所具有的潜移默化的作用，一旦小事形成习惯，就能决定一个人的品格是好是坏。所以，我们必须警惕那些带了负面因素的小事，警惕它们的积累。同时，也不能好高骛远，只想着做有正面因素的大事，要知道大事需要有小事积累而成，一屋不扫难以扫天下。

近而不可见，是因为人们没有用心去观察思考，我们需要时时留意自身，留意他人，留意环境，以一种“居安思危”式的眼光看待问题，这不是被害妄想症，而是稳妥地留意可能出现的隐患。人贵自知，自知就是要随时检查自己是否有偏差和错误，及时纠正方向，不能等到事情无法挽回的时候，才想到弥补。亡羊补牢虽然不晚，但羊也早被吃了大半，损失惨重，不如从一开始就把羊圈钉得牢牢的，让狼无法进入。

一句话，防微杜渐，才不会因小失大。有忧患意识的人，在安稳的时候会想到可能发生的灾难，这符合老子所说的“福兮祸之所伏”的辩证法，有了这种意识，才能够及时给自己留出后路，让将来的自己有能力承担风险，而不是为了一时开心，风险来时慌手慌脚，不知该如何是好。抵巇之法，完全可以运用到生活的各个方面，能给我们带来无尽的益处。

《抵巇》篇说的是防微杜渐的方法和手段，不但要求个人有明察秋毫的能力，还要懂得运用自己的言辞打动他人，从而防止祸患发生。我们的生活并不仅仅为了个人，还要为亲人、朋友、合作者、上司等各种和我们有关系的人负责，当我们发现了危机的萌芽，想要劝说他人，就要用抵巇的思维和言辞，让对方正视危险，这既是劝说，也是谋划。

一个能够察觉事物潜在危机的人，有长远的眼光和精明的头脑，这种思维方式不但能让他个人趋吉避凶，也能给他人以帮助。所以，多多观察身边的一切，并通过古今类比，推测可能发生的危险，这就是每个人都能使用的抵巇之法。

经起秋毫之末，挥之于太山之本

原典

事之危也，圣人知之，独保其身。因化[1]说事，通达计谋，以识细微[2]。经起秋毫[3]之末，挥[4]之于太山[5]之本。其施外，兆萌芽蘖[6]之谋，皆由抵巇。抵巇之隙，为道术[7]用。

注释

①因化：顺应变化。

②细微：指上文所说的缝隙。

③秋毫：指动物秋季新生出的细毛，以喻细微。

④挥：动摇。

⑤太山：泰山，用来比喻大而坚固的物体。

⑥牙蘖：指伐木后从根部所生的新芽，比喻事情开始的不祥之兆。牙，同“芽”。

⑦道术：指游说之术。

译文

当事情显现出危险的预兆时，圣人就能从蛛丝马迹中察觉出来，而且有能力独自保全自己。然后再顺着事物的变化，制定应对的谋略，以识别细微的变化。事情最初的变化，都是由最细小的事物开始的，可逐渐发展下去，就可以撼动泰山的根本。因此，在处理外部事物时，不管征兆多么微小，一定要用抵巇的原则，探查微小的缝隙，并马上采取措施将它堵塞住。这就是圣人对游说之术的实际应用。

解析

鬼谷子说，抵巇之法，是圣人的保身之法。圣人能够在危难之时保护自己，就是因为他们预知了危难的到来，早已想好了应对方法。这种未雨绸缪，小到保护自己避免受到伤害，大到保护家邦避免倾覆的危机，秋毫之末与太山之本，在圣人眼中只是一件事物的两种状态，这要求我们考虑事情一定要细致长远。

生活中，我们常常被悔恨折磨，因为突然而来的问题打乱了自己的步调，导致自己的失败，这个时候就会想“早知如此，为什么不早点准备”，但一切已成定局，没有挽回的余地；我们也常常哀叹失去了大好的机会，因为机会来的时候，我们没有做任何准备。可见，我们的失败与失去大多来自同一原因：缺乏准备。

天有不测风云，人有旦夕祸福。事实的无常我们每个人都曾经历，倘若不能在这无常之中得到经验，汲取智慧，麻木地任由下一次突发事件的到来，只能说明我们智商有限，情商欠缺，一辈子都只能做随波逐流的庸碌之人。

灾祸的发生，非人力所能转移，我们只能“时刻准备着”，争取把伤害降到最低。住在地震带的人们最明白这个道理，他们的房屋多为木质结构，既方便重建，又能把坍塌时的冲击降至最低。他们也会在房屋的角落里预备清水和救生的手电、哨子等工具，为的是在危险中为自己留一线生机。即使地震从未发现，这种准备也让人安心。一旦真的发生危险，有准备的人无疑多了一重生存保障。

未雨绸缪很重要，在缝隙尚小的时候加以弥补，可以阻止事物继续变质，也能够成功挽救可能出现的危机。就像一个肿瘤切除得及时，世界上就会少一位癌症患者。弥补，更适合普通人的见识与能力。当发现小的错误，一定要及时改正，不能得过且过，蒙混过关，这些行为都会耽误自己，影响未来的利益。真正的安稳不是此时一切太平，无事发生，而是将来即使发生什么事，也能保护自己的太平。所以，我们必须随时留意身边的微小的祸患萌芽。

注意到可能发生的祸患，就要立刻去想解决它的办法，不能抱着“也许不会发生”的侥幸心理，而要以“肯定会发生”的危机感来对待它，也不要拖拖拉拉，随着你的拖延，小问题已经变成了大问题，复杂程度又增加一层，还不如尽快解决，才是长久之计。如果是劝说他人，不是说说就算，而是要让他人足够重视，有明确表示，才算尽到了责任。

现代社会瞬息万变，我们很难知道明天究竟会发生什么，必须为自己做完全的打算，才能保证安稳的生活。灾难的降临常常不打招呼，我们能做的就是提前筑好堡垒，做好心理准备，才能临危不乱，临事不惧，如果抱着过一天算一天的心态，只能依靠运气过日子，这样的人没有未来可言。所以，千万不要让秋毫一样的小事撼动自己的生活，注意细微的变化，引导变化的方向，才能做生活真正的主人。

世可以治则抵而塞之，不可治则抵而得之

原典

天下纷错[①]，士无明主，公侯无道德，则小人谗贼[②]，贤人不用。圣人窜匿[③]，贪利诈伪者作[④]。君臣相惑，土崩瓦解而相伐射[⑤]。父子离散，乖[⑥]乱反目。是谓萌芽巇罅。圣人见萌芽巇罅，则抵之以法。世可以治则抵而塞之，不可治则抵而得之。或抵如此，或抵如彼。或抵反之，或抵覆之。五帝之政[⑦]，抵而塞之。三王之事，抵而得之。诸侯相抵，不可胜数。当此之时，能抵为右[⑧]。

注释

①纷错：纷繁错乱。

②谗贼：伤害好人。伤良为谗，害良为贼。

③窜匿：逃离隐藏。

④作：兴风作浪。

⑤伐射：指互相攻伐而激烈战斗。射，射箭，引申为战斗。

⑥乖：背离，不一致。

⑦五帝之政：指像黄帝、颛顼、帝喾、尧、舜那样的德政。相传五帝时行禅让之法。

⑧右：上。古人以右为上。

译文

天下纷乱之时，有识之士找不到明主，公侯失去道德约束，小人当道，进谗言陷害良臣；贤明之人不受重用，圣人躲避乱世藏匿起来，贪婪奸诈之徒兴风作浪；君臣之间相互猜忌，国家面临土崩瓦解，各种势力之间相互攻伐；老百姓也是父子离散，彼此仇恨。这些都是巇罅的萌芽状态。圣人及时发现这种状况，就用抵巇之道来阻塞缝隙。假如社会还能治理，就运用抵巇之道来弥补。如果已经腐烂到无法挽回，就依据抵巇之道，用新的秩序来取代它。或者用抵巇之道这样做，或者用抵巇之道那样做。或者用抵巇的方法使其回到原来的状况，或者用抵巇的方法使其颠覆。五帝统治的时候，微小的罅隙用抵巇之法阻塞即可。夏商周末年的三王时代，世道已经混乱得无法弥补，只能用抵巇之道去颠覆它，重建新的秩序。当今之时，诸侯国之间互相利用对方的缝隙，这样的事例数不胜数。如今，能够用好抵巇之道的人就是上上之人。

解析

抵巇之法强调人们要懂得如何弥补缝隙，同时也强调如果弥补不了，那干脆改革它，或者摧毁它，以更有生命力的东西代替它，这是自然发展的规律，也是社会发展的规律，谁也不能违背。补救与创新并举，同样表达了鬼谷子一再赞赏的灵活机变。

补救是为了守成，变革是为了创新。现代社会恰恰是一个充满变革的创新型社会，企业希望招聘有创新型人才，生活希望有不一样的惊喜，就连小学生也希望自己与众不同，才能让人刮目相看，人人都希望自己能够创新，人人都希望看到不一样的自己。想象着另一个自己，另一个局面，另一个起点，就觉得飘飘然。

但是，创新就意味着对旧事物的离弃，意味着告别安稳，走向未知，不是所有人都有这样的勇气，可以说，大多数人没有这种勇气，他们宁可过着一种缝缝补补的生活，也不愿意打破现状，面对可能出现的巨大风险。所以，除非有特别好的运气，他们一生的格局已经被自己限定，很难有所突破。而随着年岁的增大，他们越来越缚手缚脚，更不愿面对风险。

更多的人只有在困难的时候，才会选择变革和创新，因为环境的改变已经威胁到他们的生存，他们必须想办法在竞争中脱颖而出，这时候他们再也不去想安逸的生活，只顾着白天黑夜地赶工，希望早日突破困境。天道酬勤，他们也通过奋斗领略了“柳暗花明又一村”。在这里不由说上一句，倘若早一点有危机意识，早一点变革自己，那么完全可以用相同的时间、相同的努力做出更好的成绩。

所以，抵巇之法的另一个衍生含义就是让我们随时有危机意识，摆脱安逸思维，不要总安慰自己说“现在已经很好了”，如果放弃进步，放弃观察，放弃主动，一切“好”都会变成“不好”，只有不断抛弃旧的自我，追求新阶段、新境界，才有可能应付这复杂多变的社会，保持自己的竞争力，不被环境淘汰。

同样，也要学会区分什么时候该补救，什么时候该变革。创新并不是一件简单的事，当旧有事物仍然有活力，抛弃它重新开始，就是冒了双重风险。如果发现弊病已经到了无药可医的地步，就必须以大魄力改革，否则所有的精力都会耗费在修补一条必将沉没的破船上，所有的努力也都是在做无用功，最后成为泡影。

补救和创新并不是截然不同的两件事，补救本身就是一种创新，而变革则是补救无效后才采取的激烈创新手段。所以，在日常生活中，我们主要要做的仍然是检查危机，即时补救，并在补救时寻找创新的方向和方法，如此双管齐下，既不伤筋动骨，又能逐步累积创新因素，为个人的飞跃打下基础，实在是一种两全其美的办法。

生活需要观察思考，常常查看那些“可治”与“不可治”的地方，未来的人生方向也会在这种思考中渐渐清晰。不必想着对自己动“大手术”，多数时候，局部创新的意义大于全盘革新，我们的素质也会在不断的创新追求中逐渐提高。

能因能循，为天地守神

原典

自天地之合离、终始，必有巇隙，不可不察也。察之以捭阖，能用此道，圣人也。圣人者，天地之使①也。世无可抵②，则深隐而待时；时有可抵，则为之谋。此道可以上合，可以检③下。能因能循，为天地守神④。

注释

①使：使者。

②无可抵：没有可以抵击的缝隙，代指清平盛世。

③检：约束。

④为天地守神：掌握天地间万事万物变化的规律。

译文

自天地万物开始产生，就有合离，有始终，因此就必然产生罅隙，这些不能不仔细探察。探察的方法，就是运用捭阖之道，善于运用抵巇之道的人就是圣人。圣人是代表天地之道的使者。当世上没有罅隙需要处置时，他就深深地隐匿起来以待时机；如果世上已经有罅隙出现，就为国君谋划。运用这种方法，上可以契合国君之意，下能够约束百姓，收拾局面。如果能够遵循自然规律来运用，就能掌握天地间一切变化的规律。

解析

顺应自然的人，做起事来加倍顺风顺水；总想着与自然作对的人，做起事来总是磨难重重。这个“自然”并不仅仅指我们常说的大自然或自然环境，还包括自然规律、客观规律，一切可以称得上规律的东西以及它们延伸的含义。当形势无可逆转，客观规律无可变更，我们需要做的就是顺应。

抵巇之法强调“能因能循”，为的是“为天地守神”，掌握才能利用，才能从笼统的大道理中悟出具体的小道理。抵巇是发现缝隙之时使用的捭阖之术，倘若一切安好，无缝可寻，就不要鸡蛋里挑骨头，危言耸听。不妨老老实实做事，等到缝隙出现之时，再去发挥你的才能，这也是对时机的把握。如果时机迟迟不出现，有智慧的人理应耐得住寂寞。

还有一句古训是：“大丈夫能屈能伸。”这也是一种观察时机的理智行为。即使胸中有抵巇的韬略，环境未必有巇可抵，这个时候就要“屈”；即使有了抵巇的机会，压力太大，阻挠太多，主张根本无法实行之时，也应该“屈”。“屈”不等于懦弱，不等于屈服，也不是让人不思进取、逆来顺受，它是暂时的退让，是为了保存和积蓄力量，是在等待反击的机会，是为了寻找更好的策略和道路，是为了求得事业的长久发展所必须付出的代价。

运动员起跑前都要屈起身子，形象地说明了“屈”是为了给“伸”积蓄力量，是伸的准备和积蓄；伸则是积聚后的释放，是屈的志向和目的。懂得“屈”的人，更有远见，也更能在不明朗的时局中保护自己，避免“出师未捷身先死”。所有暗暗等待时机的人，看上去都很普通，甚至不得志，却不知平静海面之下，酝酿着巨大的风浪。

如何选择适合自己的时机？这需要先对自己有一个正确的评估。每个人都有自己的特点，这特点是性格和能力的结合，有些人急性子，有些人慢性子，有些人喜欢刺激，有些人持之以恒，这些都是天生的个性，所谓江山易改本性难移，即使努力克制，也不会有太多成效，不如利用这些特点。急性子的人就去做要求速度的工作，慢性子的人去做整理类的细致活，喜欢冒险的人就选择挑战性的职业，持之以恒的人更适合做研究……只有了解自己，才能对未来有所把握，而不是跟风走，做着完全不适合自己的工作。

明白自己适合什么，就要在平日多多打听这方面的消息，进一步确定自己的判断是否正确，并要多多寻找这方面的机会，当发现合适的机会，一定要有改变命运的魄力，及时抓住，才能实现人生的“伸”，不要以为所有的事都是水到渠成，选择一种生活必然有风险，不肯经受这个风险，就永远不可能有想要的生活。

不断地察觉自己内心的需要，不断观察生活中的机遇，这同样符合抵巇之法讲求的“以小见大”。智慧是变通的，是广阔的，道理虽然只有一句，外延却有无数种解释。我们所学习的抵巇的思维方式，是为了让自己更懂得观察，懂得多思多想，更有远见。懂得抵巇之术，会知道世间无小事，而摸透抵巇的道理，则世间无大事，因为一切事物都在自己的掌握之中，任何时候都不必为它的变化担忧。

飞箝第五

凡度权量能，所以征远来近

原典

凡度权量能①，所以征②远来近。立势而制事，必先察同异，别是非之语③，见内外之辞，知有无之数，决安危之计，定亲疏之事。然后乃权量之，其有隐括④，乃可征，乃可求，乃可用。

注释

①度权量能：权衡能力。

②征：征召。

③是非之语：这里指与自己观点的同异。

④隐括：即檃栝，亦作檃括，本指矫正竹木以成器，这里借指对同异、是非、内外、有无加以剪裁和修改。

译文

凡考虑问题衡量情势，必须广泛地从或远或近的各方面来吸取信息。如果要建立威势并制定行事的策略，必须要先探察自己与对方的异同，分辨出对方言辞的是与非，并弄清对方言辞中表面的意思和背后的含义，清楚自己和对方的有无之处，这样才能决定有关国家安危的大计，确定自己与对方的关系是亲还是疏。然后再权衡这些关系与策略，对上述同或异、是或非、内或外、有或无等的做法加以调整和修改，最后才决定如何舍取，如何使用。

解析

竞争与合作是当今社会的主题，竞争与合作广泛地存在于国与国、团体与团体、人与人之间，我们每个人都需要面对激烈的竞争，为自己的生存发展争取一席之地。而竞争不仅要求我们具备学识和胆识，还需要我们有成事的谋略和相应的人际关系，竞争不是勇力的角逐，而是综合素质的较量，想要达到自己的目标，我们需要在各个层面慎重考虑：

如何保证事情按照自己的愿望顺利进行？我们需要制定周密的计划。计划的周密在于信息是否全面，要运用各种方法，尽量收集有用的信息，包括自己的、对手的、外在环境的，信息越多，考虑的就越多，计划就越不容易出现疏忽。计划是为了保证执行的顺利，如果没有外力干扰，我们在定计划的时候，就已经能预见到结果。但是，现实生活总会有外力的干涉，特别是在激烈的竞争面前，我们有好的计划，对手一样有，我们只有在外在环境中继续吸取有利因素，才能最终确定自己的优势。

如何确立自己的优势？独立难成林，我们需要广泛的支持与有力的合作者。在古代，单枪匹马是英雄气概，但在当代，光杆司令往往是失败者的代名词。即使没有下属，也应该有合作者和支持者，一个柱子无法支撑房子，一个人的力量不可能应付所有的外力，寻找合作者，就是寻找能和自己一起承担压力的人，让自己能够腾出手来，做更多的事。

如何选择合作者？合作者的选择很重要，有一个志同道合又有能力的合作者，等于有了双倍甚至几倍的力量，也就是人们常说的“1+1>2”；一个志同道合能力一般的合作者，至少能帮你分担一些任务，不会添乱；一个意见部分不合但能力卓著的合作者，可能会带来一些麻烦，带也会带来巨大的成绩；而一个意见完全不合的合作者，不管他有没有能力，都会成为隐患，能力越大破坏力越大，甚至会毁掉你的全盘计划。可见，选择合作者，必须弄清楚对方的根本目的，明白对方的能力，只有目的基本一致又有一定能力的人，才能列入考虑。

资源的有无也是选择合作者的重要依据。我们手中的资源总是有限的，这时候就需要借助他人的资源，谁的手中有我们需要的资源，谁就可能成为合作者。这时候合作的意义更为广泛，分享给我们资源的人可能并不参与我们的计划，只是帮一个小忙，这时候他们的志向、资质并不重要。所以，合作也有层次，有些是战略层次的合作，需要谨慎选择；有些则是人情往来，只需心里有数。

选定合作者是第一步，但这种选择只是一种判断，并不是事实，想要确定合作者还要进一步考察。多多与合作者交流沟通，摸透他的个性与目的，才能真正放心，把大事交托给对方。而与合作者的关系，也要在进一步接触中想办法巩固，并根据对方的爱好、习惯，做出相应的反应，既要让对方感觉到愉悦，又不能改变自己的立场。

当完全了解合作者之后，我们才可以做出完整的计划，而在计划进行的过程中，合作者也有可能出现变动，这一点也要提前想到，做好相应的安排，以免到时手忙脚乱。要记住，我们寻找的是合作者，并不是指导者或带领者，必须保证合作者不在，我们也能自己做下去（哪怕十分艰难），这才是真正的万全之计。

引钩箝之辞，飞而箝之

原典

引钩箝[1]之辞，飞[2]而箝之。钩箝之语，其说辞也，乍[3]同乍异。其不可善者，或先征之而后重累[4]，或先重以累而后毁之。或以重累为毁，或以毁为重累。其用或称财货、琦玮[5]、珠玉、璧帛、采色以事之，或量能立势[6]以钩之，或伺候见𡼏而箝之，其事用抵巇。

注释

①钩箝：钩持、引诱对方心中实情并加以钳制。

②飞：假意颂扬对方。

③乍：忽然。

④重累：反复累积。

⑤琦玮：宝石美玉。

⑥立势：确立控制对方之形势。

译文

用赞美之词引诱对方透露出实情，然后再对其加以钳制。钩箝之语是专门用于游说的辞令，必须根据形势迅速变化，或同或异，没有定规。对用飞箝之术无法诱惑的人，就先聘用他，提升他的声誉，然后再诋毁，降低他的声誉。如此一次不成，就反复多次使用，直到毁灭对方为止。也可以用财货、琦玮、珠玉、璧帛、漂亮女色等来诱惑他，或者根据他的才能，用功名利禄来引诱他，或者伺机寻找对方的漏洞，并以此来钳制他。在这种情况下，就要用到“抵巇”之术了。

解析

《飞箝》篇是《鬼谷子》的重要篇章，也是历来争议最大的篇章之一。在《飞箝》篇中，鬼谷子详细介绍了如何“制人”。鬼谷子认为利用人性的弱点，掌握他人的状况，就可以利用言语钳制他人，让对方为己所用，按照自己的意思行事。这是一种纵横家的思维，这种“制人”思想也被一些正统的儒家学者斥责为“不道德”。

飞箝，就是要故意赞扬对方，让对方产生好感，使对方消除所有的戒心，进而钳制对方。其实，道德是道德，方法是方法，方法本身是死的，既不五讲四美也不缺德，关键看使用者的素质。只要有底线，有原则，即使是利用人心的飞箝之术，也是达到个人的目的、成就大事的好方法。这正如对智慧的吸取，有道德的人自然吸取有益的部分，心怀鬼胎的人即使读着圣贤之书，想到的也是鸡鸣狗盗之事。

想要争取合作者，飞箝之术必不可少。你在做选择的同时，别人也在选择，如何保证看中的合作者同样选择自己？这时候就需要争取对方。试着以自己的立场去思考：你希望得到一个什么样的合作者？除了有能力，有资源，你一定希望双方能够愉快地合作。什么样的人能够合作愉快？当然是互相尊重、理解、欣赏的人。什么样的人能够真正地尊重、理解、欣赏你？当然是了解你的优点，承认你的好处，并深深认同你的人。这样的认同如何表达出来？当然是通过口头上的称赞和行动上的认同。所以，那些真心称赞你的人，往往是你最愿意考虑的合作者，你如此，别人也如此。

明白了赞扬的巨大作用，就要学习如何赞美他人。赞美不是溜须拍马，而是建立在了解对方的基础上的夸奖。你赞美的地方必须是对方引以为傲的优点，不能说对方根本没有的优点，让他自己都觉得假，也直接认为你是一个虚伪的人。赞美难免夸大，但必须以实事求是为原则，否则就是阿谀，阿谀之人，得不到真正的信任。

最好的赞美不是在对方面前极力恭维，而是在其他人面前提高对方的声誉，这才能显示自己的确对对方佩服喜爱到了一定程度，对方听到也会更加深信不疑。没有人会讨厌真心欣赏自己的人。所以，在众多合作选择中，你就会因为这份真心的赞美而显得格外贴心，大大增大了自己被选择的机会。

同样的情况有时也出现在应聘中，应聘者倘若十分了解应聘公司的情况，或者十分了解公司领导的为人，那么就可以在求职理由中增加若干条，如喜欢公司的风格，尊重某领导的为人，公司的理念曾给自己带来过莫大的精神帮助等等，无形中拉近了自己与该公司的距离，让公司的领导愿意把机会给这样一个肯定公司的求职者。

除了言语上的赞扬，兴趣上的投合和投资也必不可少，对方喜欢什么，就用什么东西来笼络。对方喜欢美食，就多多寻找味道特别的菜馆；对方喜欢电影，就送经典又不常见的碟片；对方喜欢自然，就邀请对方一起踏青或自驾……总之，要让对方明白自己合作的诚意。而在合作的过程中，赞美也必不可少，即使对方有了疏忽，也要善意地提醒和建议，仍然保持对他的赞许，保持合作者的心情愉快，才能使事情顺利进行。

飞箝之术的重点在于灵活，不要事先想象对方是什么样的人，先入为主往往影响判断，收集消息必不可少，关键还在与对方的实际接触。在接触的过程中察觉对方的真正优点和爱好，然后再投其所好。与人相处也可以适当地应用飞箝之术，可以保证你免于得罪人，有一个相对轻松的人际关系。还要注意，赞美须适时、适度，不能总是赞美别人，偶尔一句，你的赞美才显得值钱，并让人记住。

飞箝用之于天下

原典

将欲用之于天下，必度权量能，见天时之盛衰，制[1]地形之广狭，岨崄[2]之难易，人民货财之多少，诸侯之交孰亲孰疏、孰爱孰憎，心意之虑怀[3]。审其意，知其所好恶，乃就说其所重[4]，以飞箝之辞，钩其所好，以箝求之。

注释

①制：判断。

②岨崄：山川险要之处。

③心意之虑怀：指君主关心的问题。

④其所重：国君最关心、最急于解决的问题。

译文

如果想用飞箝之术游说诸侯并辅佐其治理国家，就要审时度势，观察天时气数的盛衰，判断这个国家地域的大小，险要地势攻守的难易，国家人口和经济的状况，与其相交往的诸侯国间关系的亲疏，国君与哪个国家友善，与哪个国家仇视，以及国君个人的心胸气度。洞察国君的意图，知悉他的好恶，再去游说国君最重视的事情，并运用“飞箝”之术，利用国君的喜好来诱惑他，然后再钳制他。

解析

鬼谷子说，飞箝之术可以“用之于天下”，这是针对策士的身份，说明这种方法可以帮助策士说服国君。而用于天下的前提，是这位策士要有全局观，要知道当时的局势，知道国君国土的大小、人口多少、实力如何，甚至包括国君的个人喜好，这个国家政局的情况……目标越大，需要收集的信息越多，才能顺利飞而箝之。

我们不是纵横列国的策士，但如果我们能以策士的标准要求自己，我们的人生格局将会有极大的改变。首先，我们必须走出自己的小圈子，我们的眼睛不能只盯着家长里短，不能只看到日常琐事，不能只知道完成手头的工作，更不能听别人说一句就信一句，我们必须学会看更多的东西，思考更多的事情，把目光放远，拥有大局观。

拥有大眼界的人，才可能有大智慧。每个人都生活在自己的小团体中，但我们在小团体中做事，却不能把眼光局限在小团体中，而要了解更大的世界，就要跟更多不同领域的人接触，提高自己的阅历，增长自己的见闻，这样不只能在小团体中显得高人一等，还能适时更换到更大的团体中，得到更多的锻炼机会。

一个人的追求往往能够决定他的人生，“不想当元帅的士兵不是好士兵”，一个士兵倘若只愿意做个士兵，那他一辈子可能只会冲锋陷阵，不会领略到指挥千军万马的威风。限定自己的人不会有太大发展，所以，当我们决定人生目标时，不妨想得远一些。这不是好高骛远，只要有努力做基础，一切皆有可能。

大局观会影响我们的人生。一个人做事的时候如果有大局意识，自然就会顾全很多方面，而不执著于小细节、小利益，这样的人才能做大事。这样的心胸也才能吸引有大气魄的合作者。小家子气的人往往为了蝇头小利钻营，而有大局观的人却敢于舍弃，以小牺牲换取大利益。想要做大事，必须学会放弃小事。

要经常观察大潮流、大趋势，这种观察与我们的生活息息相关。例如，一位女士如果总是留意国际上的潮流风尚，那么她的穿衣打扮自然会与常人不同，甚至会成为潮流的引领者。再说得大一点，在商业社会，任何潮流都可能带来商机，盯紧局势、盯紧市场需要，就能以最快的速度研制适合的产品，进而抢占市场，这是另一种形式的“用之于天下”。

所以，了解世界，了解国家，了解环境，和了解我们的竞争对手、我们的合作对象一样重要，甚至更重要，这种了解并不是泛泛的“知道”，而是要与思考结合，考虑某种潮流、某种改变能够给自己带来什么机遇。一种趋势兴起的时候，只有及时捕捉的人才能趁势掘一桶金子，落在后面的人往往捞不到好处。

了解是为了应用，而应用仍要以自知为基础。明白自己的需要，才能更有方向、更有重点地去了解，毕竟，在一个信息爆炸的社会，我们没有那么多精力与时间去知晓一切，有些东西，我们要有笼统的概念，一般性的认识；那些可能与个人利益发生关系的东西，则要时刻留意，也许不久之后，它就会为你送来功成名就的机遇。

飞箝用之于人

原典

用之于人，则量智能、权材力、料气势[①]，为之枢机[②]。以迎之随[③]之，以箝和之，以意宣之，此飞箝之缀[④]也。用之于人，则空往而实来[⑤]，缀而不失[⑥]，以究其辞。可箝而从，可箝而横；可引而东，可引而西；可引而南，可引而北；可引而反，可引而覆。虽覆能复，不失其度。

注释

①气势：指人的气度。

②枢机：指关键和重点，即上文所言的财货、宝石等喜好。

③随：附和。

④缀：连结。

⑤空往而实来：用赞誉的、好听的空话，使对方打开心扉，套出对方的实情，使之归附于己。

⑥缀而不失：与对方连结而不分离，这里指牢牢地控制住对方。

译文

用飞箝之术与他人交往，就要揣度对方的智慧和才干，权衡对方的能力，预估他的气数和发展方向。把这些作为与之相处的关键。先去迎合他、追随他，之后再用飞箝之术操控他，使之符合自己的需要，达到自己的目的，这都是飞箝之术应用的延伸。用飞箝之术与人交往，用空的赞扬之词换取对方的实情，然后紧追不放，在其言辞中探究出更多实情。这样，就可以控制他，让他随着自己的心意，或合纵、或连横，可以牵着他或向东、或向西，或向南、或向北；可以引导他或反或复，始终处于自己的掌握之中。

解析

以现代管理学的眼光来看，飞箝之术是一种有效的管理方法。飞箝之术的两个基本点：鉴别人才、赞美人才，都是管理者需要具备的素质。一个管理者必须以客观的眼光评价他的员工，了解每一位员工的优点和不足，知道他们能力的大小，能够胜任什么样的工作，不能做什么样的任务，唯有如此，才能保证企业的安定和发展。

管理者切忌任人唯亲，想要做好管理工作，个人的喜好必须抛在一边，一切要以事实为准绳。管理者是人，有七情六欲，但管理者之所以管理众人，恰恰是因为他能够克制私人的爱憎，把工作放在第一位，既可以举贤不避亲，又有重用反对者的气魄。这样的管理者会得到最广泛的尊重和支持，因为即使心怀不满的员工也知道：管理者是一个公正的人，不会因私废公，在他面前，每个人都有平等的机会。

管理者是团体气氛的营造者，一种平等的气氛，可以激发员工们的斗志，让他们更愿意用心于自己的工作，发挥自己的潜力，而不是消极怠工，甚至骑驴找马，总想着跳槽。管理者还要注意与员工们的关系。有人的地方就有江湖，管理者不可能与每一个人都关系亲密，但至少要保证上下关系的和谐。在一个平等和谐的氛围中，员工的心态是轻松的，即使有竞争，也因领导的公平而减少了不必要的顾虑，一心一意提高自己。

如何与员工和谐相处？飞箝之术就要在这个时候运用。员工想要发展，希望得到机会，所以特别看重管理者的看法，适当的夸奖与赞美，让员工了解到自己的长处，看到未来的希望，这样员工才愿意考虑在这个企业长久发展。要让员工明白他不可或缺，增加他对企业的认同感和归属感，更愿意领会管理者的意思，并愿意与管理者合作。

员工是普通人，和所有普通人一样，希望得到尊重。所以，管理者虽然要有严肃形象，以巩固自己的权威，让下属们不能生出小看之心，但同时也要尽量以友善的态度对待员工，让他们明白自己的关怀。一个经常关心员工，适时为员工解决问题的领导，才能得到员工真心的尊重，即使企业遭遇了重大挫折，多数员工也不会立刻离开，而是选择与企业患难与共，以报答平日得到的关怀。

飞箝之术是“制人”之术，领导管理员工时使用，会大大提高管理效率。但要记得，凡事都不可过度，如果做不到制人不留痕迹，就要减少使用频率。因为在讲求个性的时代，人人都有逆反心理，被尊重和受到善意对待时，愿意顺着你的意思；如果觉得自己被人利用，就很难投入感情，自然会影响发挥。领导者必须知道，“制人”的目的是为了使事情进行得更顺利，不是把人与人的关系变成纯粹的利用与被利用的关系，这样生活，自己也会觉得冰冷无味。方法永远只是方法，过程中的真心实意，才是人心向背的关键，也才能真正打动人心。让他人与自己相合，这才是飞箝的真意。

忤合第六

凡趋合倍反，计有适合

原典

凡趋合[①]倍反[②]，计有适合。化转环属，各有形势。反覆相求，因[③]事为制。是以圣人居天地之间，立身、御世[④]、施教、扬声、明名也，必因事物之会[⑤]，观天时之宜，因知所多所少[⑥]，以此先知之，与之转化。

注释

①趋合：指快步凑上前去迎合，相当于“合”。趋，小跑。

②倍反：转身返回。倍，通“背”。反，通“返”。

③因：根据、凭借。

④御世：处世，处理天下各种事务与关系。

⑤会：时机。

⑥所多所少：或多或少。

译文

事物发展有两种趋势，或趋向融合，或趋向背离，无论朝哪个方向发展，都要有合适的计策。且两者之间相互转化，首尾相互连接起来像圆环一样，随着形势的变化而变化。因此，游说者要反复地思索研究，根据实际情况制定合适的策略。因此，圣人居住在天地之间，有其自己的处事原则。他追求的是立身、处事、实施教化，名声远播和留下美名。圣人必定会抓住事物发展的关键，观察适宜的时机，因为知道自己所做的是多还是少，根据事先知道的情况，然后随着形势的转化而变化自己的决策。

解析

《鬼谷子》第六篇《忤合》篇，提出了“忤合”的概念，世间之事、世间之人都在趋合与背反之间行走，忤合本身就是一种客观规律。而忤合之术，就是要在世事人心的背离融合之中，寻找恰当的位置，制定合宜的策略，也就是根据情况，做对自己最有利的事。事实万变，人也要万变，“趋合倍反，计有适合”。

《三国演义》开篇一句“天下之势，分久必合合久必分”，道出了世事忤合的道理。万事万物都不能长久地维持一种状态，到达一定程度就一定会转化，如同圆环一般不休不止。如果我们只用老眼光看待事实，落伍是小事，耽误自己才是大事。而事实的变化总有关键点，抓住这些关键点，就是忤合的秘诀。看到事物的毁灭不可阻挡，离开是最佳选择；看到事物的发展无可遏制，尽快适应融合才是容身之计。

对于世事忤合，智者应当培养足够的判断力，才能随时观察大势所趋，并利用趋势，为自己的成功创造条件。不必对世态炎凉有太多的伤感，未来才是最实在的东西，在大势面前，克制自己感情，做出最准确的判断，才能不被残酷的竞争淘汰。想做弄潮儿，就要了解潮水，承认潮水，与潮水融为一体，才能做到出入其间；一味地坚持自我，只会被排斥，所以，不是说自我不重要，而是要认清自我只是客观的一部分，追求和谐才是正路。

人与人的关系也是如此，没有永远的敌人，也没有永远的朋友。一切合作与背离，都要符合利益原则，生活不是做慈善，没有人有义务承担他人的麻烦，联合与对抗，不是水火不容的关系，而是相互依存，你中有我，我中有你。或许，今天两方为了生存而相互争斗、厮杀，但也许明天，两方就会携手共进，结为联盟。

人毕竟不是完全受利益驱使的动物，在追求利益的时候，人也有志向，有感情，所以，更需要把事情做得圆通，即使为了目标不得不背离他人，也要做到合情合理，给他人留好余地，让他人能够接受。想到自己也要想到他人，才是双赢的路子，在“两者必居其一”的选择中，不能首尾两端，但也不必把谁当成死敌。

想要使用忤合之术，先要了解事物的发展，了解他人的长短，才能做出恰当的计划。看到事物发展的趋势，决定自己的忤或合的目标，就能从容有余地疏远或拉拢他人。智者做事循序渐进，不会让自己陷入非此即彼的极端选择中，正是因为他们事先料到了事情的走向。

不但要明白自己该怎么做，还要知道自己应该做到什么地步。有时候，使尽全力不一定有最好的结果，一张一弛可以让自己更轻松，把事情分担给更多的人能够营造团体感，不必面面俱到，只要抓住关键点，就抓住了结果，把所有的精力投入到关键部位，其余的事不妨睁一只眼闭一只眼，要记得，太满的水瓶容易炸，将满不满才是最佳状态，也是为人的韬略。

特别是在困境之中的人，更要懂得忤合。判断形势，抽身而退和坚持到底哪个更符合长远利益？如果是前者，那么就要干脆止损，不可恋战；如果是后者，那么就团结一切可以团结的力量，顶住压力，坚持下去。忤合之术，依靠的是精准的眼光和明智的判断，就如世间所有解决问题的方法，都依靠使用者的智慧。

世无常贵，事无常师

原典

世无常贵，事无常师。圣人无常与[1]，无不与；无所听，无不听。成于事而合于计谋[2]，与之为主[3]。合于彼而离于此，计谋不两忠[4]，必有反忤[5]。反于此，忤于彼；忤于此，反于彼。其术[6]也。

注释

①与：参与。这里指亲力亲为。

②合于计谋：计谋切合实际。

③主：根本。

④不两忠：不能同时忠于两方。

⑤忤：背离。

⑥术：忤合之术。

译文

世界上没有永远高贵的人，也没有永远值得我们学习的事。圣人做事，没有该做而不做的事；圣人听人说话，没有该听而不听的。圣人的行事都是以事情能否获得成功，所出计谋是否切合实际为根本。一个计谋，如果符合一方的利益，就要违背另一方的利益。一个计策不可能同时忠于相反的两方，一定有违背的一方。顺着这一方，就必然会忤逆另一方；忤逆这一方，对另一方可能正好相反。这就是“忤合”之术。

解析

要用发展的眼光来看问题，要用变化的手段来处理问题。世界上没有恒久的事物，所以忤合是最自然的一件事，想要获得成功，就要选择通向成功的路，能够帮助自己的人，能够实现抱负的舞台。而这路、这人、这舞台也不是恒定的，随着人生际遇的变化，它们也可能变为挡路的石头、阻挠的对手、落伍的平台。这个时候如果我们不能及时离开，就会浪费自己的时间和精力。

世界上没有两全其美，忤与合不能兼得，选择一个就意味抛弃另一个。这正是我们常说的“有舍才有得”，我们不必为舍与得这件事纠结，而是要想想该怎么舍，要得什么。人们想要得到的东西往往与自己的人生追求有关，追求就是目的，以这个目的为前提，我们就知道该选择什么，选择那些对自己的目的最有利的东西。不过，环境和机遇并不能随我们的心意，特别是涉及合作者，总是有各种抵触和走偏，这个时候就要知道如何把握方向，或干脆改弦更张。

就连我们本人的志向，也可能发生改变。一个最初喜欢演戏的人，随着实践经验的积累，突然发现自己有导演的天赋，那么他很可能改变自己的人生志向，从此走上执导之路。可见，不管我们的心意有多么坚固，人生却那么不可预期，一切都有可能发生，谁又能说改变是错的？我们能做的只是顺从自己的内心的需要，需要改变了，选择就会变，计划就会变，接触的人、营造的环境也随之改变。也可以说，能够接受改变的人，才能更好地经营自己。

所以，应该以平和的心态看待离合。我们曾经认定的合作者，可能会离开我们；我们曾经坚持的东西，可能会变成阻碍；我们曾经坚信的理念，可能已经落伍，甚至，我们曾经深爱的人，有一天却选择了别人……如果能够明白离合的常态，这些事即使让自己难过，也不会造成致命的打击。就我们自己而言，同样需要不断地忤合，选择与抛弃，都是顺应形势，都是为了个人更好的发展。

但是也要明白，我们选择合作或背离，必须有明确的标准，而不是随风而动，更不能看到哪方有利益就往哪边跑，这种人是标准的墙头草，很难取得他人的信任，更因为自己无法确定到底要站在哪个阵营，落得两面不是人，最后很可能一无所得。不要幻想一个最稳妥的方法，不要希求一条最稳妥的道路，想要处处顺利，和所有人保持友好，在所有阵营中进退自如，那是痴人说梦。人与人、团体与团体的冲突处处存在，不是所有人都能化敌为友，不是所有团体都能和平共处，选择本身，就意味着放弃。

如何决定自己的立场？个人有个人的标准。坚持什么，反对什么，可以不明确地说出来，但一定要做到心中有数。有两件事必须要做到：提高自己的能力，保证自己的信誉。一个有能力的人在何时都能让人看到合作的利益，而一个有信誉的人让人放心——即使这样的人有一天离开，也因为他自身坚持某种道义，不会做出过于损害他人的事。所以，要做事，先做人，一个有能力有信誉的人，才适合忤合之术，才能真正游走于离合之间，畅通无阻。

用之于天下，必量天下而与之

原典

用之于天下，必量天下而与①之；用之于国，必量国而与之；用之于家，必量家而与之；用之于身②，必量身材能气势而与之。大小进退，其用一③也。

必先谋虑计定，而后行之以飞箝之术。古之善背向者，乃协四海，包诸侯，忤合之地而化转之，然后求合。故伊尹④五就汤，五就桀，而不能有所明，然后合于汤；吕尚⑤三就文王，三入殷⑥，而不能有所明，然后合于文王。此知天命之箝⑦，故归之不疑也。

注释

①与：施与、实施。

②身：个人。

③一：一致。

④伊尹：商朝的开国名相。传说伊尹曾经五次游说夏桀，五次游说商汤，然后才选定自己的君主，忠诚地辅佐商汤。

⑤吕尚：周朝开国功臣，姜姓，吕氏，号太公望，即民间盛传的姜子牙（姜太公）。

⑥殷：指商朝。

⑦天命之箝：天命所定。箝，夹住，制约。

译文

把忤合之术运用于全天下，必定根据天下的实际情况而实施；如果用它来管理国家，一定要根据国家的实际情况来实行；如果运用它管理一个家族，一定要根据这个家族的实际情况来应用；如果用它处理人和人的关系，一定看对方的才能、品质和气度等来实行。总之，不管把这种“忤合”之术用于大的方面，还是用于小的事情，它的原则都是一样的，就是要用忤合之术进行详细地分析、谋划，之后利用飞箝之术实施它。古代那些懂得向背去就的人，能够自由纵横于四海之内，将诸侯国君掌控于自己的股掌之中，运用忤合之术而灵活转化，然后与之寻求契合。因此，伊尹曾经五次投靠商汤，而后又五次离开，而后去投靠夏桀，但还不是很明白自己到底应该选择谁，但他最终还是选择了商汤；姜尚曾经三次投靠文王，但又三次离开，然后投奔商纣王，但也不明白自己到底应该选择谁，但他最终还是离开纣王选择了文王。经过反复忤合后，他们最终明白了天命所归，毫不犹豫地选择了应该归附的人。

解析

忤合之术有广泛的适用范围，于国于家于人，都会遇到忤合的问题，我们需要根据实际情况、实际对象来选择自己的立场和策略。这也是我们平时做事时应该遵循的原则。如果做事不懂观察情况，只知道“一刀切”，不懂因地制宜，只知道“老办法”，等于拿同一把尺子衡量一切。一把尺子的长度和刻度是固定的，一旦遇到了更长或更细微的物体，它显然就会失去功效。而很多人不明白这个道理，总认为一次有效，次次有效，只能白费力气。

做事要分情况。同样一件事在不同的环境中，可能出现两种走向，如果不分青红皂白，认为在 A 环境里能成功的事，在 B 环境里也能成功，这是一种轻敌心理。举个最简单的例子，一个足球运动员在某个城市里崭露头角，显出超越队友的能力，把他放到国家队，他还有这么卓著的影响力吗？所以，要时时注意环境的变化，情况的变化，才能及时调整自己，想出新方法新对策，以免成为井底之蛙。

做事要看对象。环境是客观的，容易把握，一旦涉及合作者，就完全进入了他人的主观世界，情况更为复杂。这时候更要明白对方的虚实，让自己能够配合对方的步调，得到对方的好感，然后才能判断自己与对方是否能够合作，合作的结果会怎样，可能出现什么样的问题……把所有事情想得清清楚楚，做出符合客观的决定。

选择忤还是合，则要看自己的目的。有的时候选择合作者或背离合作者，并不是因为对方的素质好或者坏，我们有时不得不拒绝一个条件很好的人，选择一个条件稍差却更适合的人，只是因为对方身上有我们需要的东西。我们做出的选择可能背离他人，却不能背离自己的目的，因为这才是我们做事的最重要的依据，也是人生的方向所在。

在现实生活中，人们很难一开始就决定自己的方向，都需要在实际生活中反复思考，反复衡量，最后才能决定自己的归属，然后按照这个方向不懈努力。所以，过程之中难免出现左右为难，瞻前顾后，这都是人生必不可少的经历。试想，如果没有经过广泛的比较，我们如何才能知道自己最喜欢什么，最适合什么？所以，不必为背离自责，背离一方是在追求更适合自己的融合，我们最需要的不是过去，而是未来，这才是天命所在。

坚信自己要做什么，了解自己能做什么，心无旁骛地去做，这就是“知天命”。知天命的人比常人更多几分平和和坚忍，只因他们比旁人更了解自己适合的东西。所以他们才能收起四面出击的“雄心”，专心致志地攻克自己的目标；所以他们才有更多的精力观察思考，来确定未来的计划；所以他们才愿意配合他人，迎合他人，把自己的目的放在心里……也因为目的明确，他们不用多加考虑，就知道何时该忤，何时该合，因为心中清明，行事才能稳重从容，进退自如。

忤合之道，己必自度材能知睿

原典

非至圣达奥[①]，不能御世；非劳心苦思，不能原[②]事；不悉心见情[③]，不能成名；材质[④]不惠[⑤]，不能用兵；忠实无真，不能知人。故忤合之道，己必自度材能知睿[⑥]，量长短远近孰[⑦]不如。乃可以进，乃可以退，乃可以纵，乃可以横。

注释

①达奥：穷达、通晓深奥玄秘的事理。

②原：推敲、研究。

③悉心见情：精心地去发现实情、本质。

④材质：才质和能力。

⑤惠：通“慧”，聪慧，聪明。

⑥知睿：指聪明才智。知，通“智”，智慧。

⑦孰：谁。

译文

如果不具备高尚的德行，过人的智慧，不通达深奥的道理，就不能够治理天下；如果不费尽心力苦思冥想，就不能懂得事物的规律；如果不精心地探求事物的实情，就不能成就他的声誉；如果不具备聪明的天赋，就不能制定用兵的策略；如果为人处事忠于实际但没有真诚的态度，就不能识人。因此，如果想要运用忤合之道，就先要忖度自己的才智和学问，估量自己与对方的长短优劣，比较出对方不如自己的方面再行动。如果能够做到这些，就可以自由地前进或退守、合纵或连横了。

解析

没有金刚钻，别揽瓷器活。忤合之术涉及人心向背，涉及人生目标，涉及方方面面，用得好可以如虎添翼，用不好则是画虎不成反类犬，被人斥责为反复无常的小人。所以，运用忤合需要修炼自己，而这个修炼的过程，也在提高自己的核心竞争力。鬼谷子在《忤合》篇的最后，教导了我们什么样的人才能使用忤合之术：

道德是基础。一个人有道德的人，往往比势利小人有更多的见识，因为小人只盯着个人利益，甚至不惜阻碍、陷害他人，失道者寡助，他们的心胸注定了他们看不到更多的东西。而有道德的人如果佐以智慧，他对万事万物的观察思考就会更加透彻，也因为他们总是能够考虑他人的利益、天下的利益，所以更适合与他人合作，甚至治理天下。他的忤合标准往往是人心向背的标准，符合多数人的心愿。所以古人说：厚德载物。

思考是关键。忤合的目的是为了利用客观规律，而规律不是人人都能发现的，只有那些擅长思考的人，才能在现实给出的线索中抽丝剥茧，得出真相。不懂得思考的人只能被规律推动，他们甚至把自己的成功失败都归结于命运；懂得思考的人不但观察身边的一切，还会借鉴历史，借鉴他人的经验，然后推断出结果，决定自己的去留。

自知之明是前提。必须知道自己的实力是什么，知道自己能与别人交换的资源是什么，才能避免高攀和低就，找到最好的位置。高攀似乎搭了贵人的便利，但能力不到就去做事，往往把事情做砸；低就等于把自己放在一个小笼子里，伸不开手脚，更会影响自己的发挥。所以，避免高低出入，恰到好处的选择，才是对自己最有利的选择。

待人真诚是保障。合作不是冷冰冰的交换，背离也不意味着人走茶凉，真正的合作既是利益上的重合，也是感情上的交流，这种同盟有弹性，即使后来合作双方有了利益冲突，面对竞争，也同样可以实现竞争时彼此用尽全力，私下里依然有友好往来。一切取决于我们待人是否真诚。真诚与利用并不矛盾，真诚地为对方着想，为对方做事，即使带有目的，也会让对方有很大的收获。

忤合之术到最后，都会归结于进退，不论进还是退，都要明白自己的理由，客观理由应该符合局面的发展，符合事物的规律；主观理由则要符合自己的能力和智慧，只有两方面的理由都能说服自己，进退才不是一种冒险。此外，前进要有分寸，不能一冲到底，后退也要有余地，不能说走就走。

我们都想在生活中抢占制高点，并找到最适合自己的位置，但要明白，制高点不会就在你家门口，它需要你积累无数的经验才能找到；最适合自己的位置也不会从一开始就降临在你的头上，你需要不断尝试、甚至不断失败才能找准。这个过程是反复忤合的过程，也是锻炼自己、提高自己的过程。所以，把忤合当做一种考验，试着在人世离合之中得到智慧、得到经验、得到目标、得到“天命”，这才是忤合的真正意义。

揣篇第七

善用天下者，必量权而揣情

原典

古之善用①天下者，必量天下之权而揣②诸侯之情。量权③不审，不知强弱轻重之称④；揣情不审，不知隐匿变化之动静⑤。

注释

①善用：善于使用，此指善于处理天下大事。

②揣：揣测，指对人内心的猜测。

③量权：衡量、比较。

④称：相当，相符，这里指与实际情况相符的有关信息。

⑤动静：这里指动态的信息或实时的情报。

译文

古代善于利用天下各种力量来施展政治抱负的人，必定能够权衡天下的权势力量，揣度各个诸侯的真实心意。如果不熟知天下形势及各诸侯国的实力，就不清楚各诸侯国的强弱虚实、地位轻重。如果对各国国君的心情揣测不准确，就不清楚国君内心隐藏的真实意图和变化时的状况。

解析

揣，就是揣测、衡量。《揣》篇与《摩》篇一体两篇，说的都是衡量之术。鬼谷子继续探讨如何揣摩人心，如何探听底细，如何得到真相。相对于《反应》篇和《内揵》篇，《揣》篇和《摩》篇更重视实际的应用方法，主要讲如何与国君们打交道。当今社会，我们没有与国君来往的机会，但鬼谷子的智慧依然渗透在字里行间，给我们以启迪。

在充满竞争的社会，我们经常需要面对与他人的争锋，但竞争有很多种类，也有很多情况。有些时候必须要争，因为情势所迫，没有退路；有些时候只需智取，无需正面冲突；有些时候双方实力悬殊，没必要以卵击石……尽量避开那些肯定会输的比赛，对弱小的对手实行怀柔，与实力相当的对手你来我往，这是竞争的常态。

面对竞争，我们需要“揣情”和“量权”，揣情就是揣摩对方的情况，量权就是比较自己和对方的情况。在竞争中，就是要做到了解对方的实力和意图，比较双方的力量，然后制定出竞争策略，不能在毫无准备的情况下贸然挑战，这种冒险很可能带来鸡飞蛋打的结果，因一时的冲动，失败固然难免，还可能影响到今后的发展。

初入社会的年轻人，最容易“初生牛犊不怕虎”，凭着一股锐气做事，结果往往只是大量的精力、时间交了入社会的第一笔学费。在竞争中，“怕”不可怕，因为怕，所以凡事小心谨慎；因为怕，做计划力求周到；因为怕，每一步都不敢轻敌；因为怕，对手的每一个举动都要留意……只要没有怕到掉头就跑，不敢迎战，对对手的畏惧反而能激励我们更扎实地做好一切准备，不敢掉以轻心。

“不怕”才可怕。有人把“什么也不怕”当做一种自信，但也正因为藐视了对手，低估了局势，想事情才不切合实际，做事情才急进，遇到困难才不知所措。这不是自信，是轻敌。而轻敌一定会付出代价。竞争是利益的冲突，想要得到利益必然有充分的准备，轻敌就是把自己的利益拱手让人。所以，对对手带一点心理上的忌惮是必要的，“怕”才能让自己像警觉的动物那样，随时盯着风吹草动，而不是在高枕无忧中断送自己的计划。

想要得到真正的自信，需要的是反复衡量。将对方的底细摸透后，就要逐一想对策。对方会使用什么样的方法？自己应该如何应对？对方有什么样的优势？自己有没有可能取得同样的优势？对方有没有弱点？怎样利用这个弱点？这个弱点是否是对方设下的陷阱？如果是陷阱又该怎么应付？……对待强有力的竞争对手，任何思考都是必要的，即使在实际交锋中，你担心的事并没有发生，也不代表下次竞争前就可以偷懒。

在竞争过程中，我们也会面对曲折的状况，有时候对方风头盛，就要避其锋芒，保存自己的实力；当对方气势弱了，就应该趁机进取，抢占成果。特别要注意另辟蹊径，以出其不意的方式打击对方，为自己赢得利益，这也是最好的竞争手段。即使暂时落在下风也不必心急，根据事前的分析，双方实力相当，己方肯定还有翻盘的机会。想要在竞争中保持不骄不躁，依靠的就是事前的揣与量。只要衡量的结果是客观的，无过多偏差的，我们就有底气坚持到底，在竞争中一步步争取主动，最终取得胜利。

反侧孰辩，能知此者，是谓量权

原典

何谓量权，曰：度[①]于大小[②]，谋于众寡，称货财有无之数，料人民多少，饶乏[③]有余不足几何；辨地形之险易，孰利孰害；谋虑孰长孰短；揆[④]君臣之亲疏，孰贤孰不肖；与宾客[⑤]之知慧，孰少孰多；观天时之祸福，孰吉孰凶；诸侯之交[6]，孰用孰不用；百姓之心，去就变化，孰安孰危，孰好孰憎。反侧[7]孰辩，能知此者，是谓量权。

注释

①度：计算。

②小大：指国土、疆域。

③饶乏：丰饶与匮乏。

④揆：推测、揣度。

⑤宾客：门客。春秋战国时代的当权者多养有门客，相当于他们的私人顾问。

⑥交：外交，引申为联盟。

⑦反侧：反过来覆过去。此指民心向背。

译文

量权是什么呢？就是综合考察一个国家疆域的大小，谋臣的多寡，估量国家财富的数量，预测百姓人口的多少，物资方面哪些富饶有余，哪些缺乏不足；分辨地理形势在军事上的险易，哪里的地势有利于攻防，哪里的地势不适宜作战；考察一国的谋士，哪些谋士善于谋划长远，哪些谋士善于谋划眼前；揣度君臣之间关系的亲疏，探察大臣们哪些贤良、哪些不肖；以及幕僚食客们的智慧的多少；观察天时的变化和祸福，何时行事为吉，何时行事为凶；探察诸侯国之间的交往，分析哪个结盟能够利用，哪个结盟不能够利用；观察老百姓的民心背向和背离的变化，据此判断哪个国家是安全的，哪个国家是危险的，哪个国家被人民热爱，哪个国家受人民憎恶。能够从多个方面对这些情况进行辨析，并能够知道如何应对的，就叫做量权。

解析

鬼谷子所在的时代，有学识的策士们想要实现自己的抱负，必须借助君王的力量，这些周游列国的饱学之士和当今社会的应聘者们很相像，他们同样带着自己的“简历”，向国君说明自己的籍贯、师从、经历，同样要评价自己的能力，说说对“公司”的看法，希望得到老板的重视。只是那个时候，“公司”不多，想要取得一席之地，必须打起十万分的精神，才能脱颖而出，所以，那个时代的应聘者，更重视机会，也就准备得更加周全。

量权是准备工作的重要部分。策士们要去“面试”，直接与国君谈话，必须在短短时间内说服国君，至少要给国君留下深刻的印象，所以，他们会从国与国之间的形势入手，全面考察“应聘国”的各项实力，包括土地、人口、物资、战略、百姓生活、大臣情况……试想，如果我们也以鬼谷子时代策士们的努力，去对待自己的应聘，珍惜自己的工作，我们的人生将会有什么样的改变？至少，我们也会把量权摆在重要位置。

事业是人生的重心所在，也是多数人的人生价值的直观体现，选择合适的职业，有发展的公司，就是事业的起步。起初，大家都是在社会上跌跌撞撞的菜鸟，闹了不少笑话，经受很多失败，当我们有了一定的阅历和经验之后，就拥有了主动选择权，这时候就要重新规划自己的职业生涯，争取一个更好的起点。

选择一个公司，并争取进入这个公司，首先要确定自己有不差的硬件条件，硬件够了，就要在其他方面多做文章。“量权”正是最好的方法。要全面地了解这个公司的历史、规模、文化、构成、发展情况、主要业务，推测此公司下一步战略部署，并以横向眼光，看看此公司在市场的地位，与同类公司比较，有何优势有何劣势。

最重要的“量”，是仔细估量自己的能力，确定自己能为这个公司带来什么样的利益，自己的能力适合什么样的职位，自己的想法能否在这个公司实施。选择工作是为了自己的发展，而不是公司的名气，如果反复权衡之后，发现自己与这个公司并不合拍，不妨重新选择，以免浪费了彼此的时间。

准备工作还可以更细致一些，细致到公司的老总性格如何，公司的员工精神面貌如何，等等，任何一个精确的细节都能给我们以更深的思考机会，增加自己对公司的了解。当了解透彻之后，再叙述自己的求职印象，更能够有的放矢，避免在面试时只能跟着对方的话题走，在面试时掌握主动权的人，才能引起对方更多的兴趣。

面试也是量权的一部分，直接接触对方公司的中层、高层领导，能够更直观地了解这个公司是否适合自己，也能大概推测出公司的氛围如何，能否与同事友好相处；领导的喜好如何，是否能够应对。此外，还应该观察公司的办公设备，对员工是否人性化，再根据自己的需要，选择要不要进入。

对待工作更是如此，不要把工作当作糊口的工具，而要当作事业的起点，多多从大处、广处了解自己正在从事的事，才能提高自己。不断衡量自己的能力与工作的需要，才能更好地做出成绩。当发现现有的工作已经是一种束缚，不能完全施展自己的能力，那么，是时候告别这个小庙，去下一个地方继续深造了。

以其见者而知其隐者，此所以谓测深揣情

原典

揣情者，必以其甚喜之时，往而极[①]其欲也，其有欲也，不能隐其情；必以其甚惧之时，往而极其恶[②]也，其有恶也，不能隐其情。情欲必出其变。感动[③]而不知其变者，乃且错[④]其人，勿与语而更问其所亲，知其所安。夫情变于内者，形见于外。故常必以其见[⑤]者而知其隐者，此所以谓测深[⑥]揣情。

注释

①极：穷尽。

②恶：讨厌、害怕的事。

③感动：感情发生变动，即上述“甚喜”“甚惧”。

④错：通“措”，安置。

⑤见：通“现”，显露。

⑥测深：探测内心深处。

译文

揣度对方真实的意图，一定要挑选他喜悦的时候去迎合他，尽最大力度调动他的欲望，心里有欲望，就掩藏不住真实的意图；在对方非常恐惧的时候去拜见他，尽最大力度诱发他的恐惧和憎恶，因为他的心里有强烈的恐惧和憎恶，他内心的真实意图也是掩藏不住的。人内心真实的情绪在发生变故时就会不自觉地暴露出来。如果对方的情绪已经失控，但仍不清楚他内心的想法，就暂且放过他，先不和他交谈而去问他身边亲近的人，从而知道他的心思到底在哪里。如果一个人的内心发生感情的变化，必然会在外表有所表现。因此，可以从一个人外表的变化去揣测他内心掩藏的思想情绪，这就叫作探测人的内心深处从而揣度人的情志。

解析

与人交往之时，我们需要不断地揣测与权衡。人的内心世界与外在表现有极大的差异，在我们试图通过外在种种现象揣测他人内心所想时，他人也正在通过我们的言谈举止一次次分析我们，为的是控制我们。所以，揣摩他人的同时，我们必须“反揣摩”，我们寻找什么，就要避免什么，这才能“制人”而不是“被制”。

鬼谷子认为，人内心的情绪会在心理出现极端变化时显露无遗，特别高兴或特别生气的时候，都很难压制内心真正的想法，在冲动之下说出真心话。而善于揣情的人，一方面创造“极端情绪”，如竭力迎合他人，叫他人心花怒放；

或者使用激将法，让对方怒不可遏，这时候就可以得到对方的实情。同理，对方也会试图用这样的方法，套出我们的真心话。

怀有各自目的的交流，与战争的本质相近，他人进攻的时候，我们就要懂得防守之道。每个人都会有情绪，而成年人都会自我控制，把喜怒哀乐压在一定范围内。例如，取得了大成绩，明明高兴得想要跳起来，但想到身边有没取得成绩的人，就把这开心压下来，只说："我这次运气好。"例如，下属不小心做错事，明明气得咬牙切齿，但为了安慰、鼓励下属继续做，只能装出宽容的样子说："人都会犯错的，继续努力。"

在谈话中，这种"伪装"更加明显，每个人都会极力克制情绪，表现出欢愉、轻松、对对方的好感。所以，保护情绪不是冷冰冰地板起脸，拒绝和人交流，拒绝交流本身，就是一种忌惮，一种交流无能，一个可以被利用的弱点。只要保持平常状态，大家都如此，就没有人能猜透彼此的情绪，这是人们经常使用的保护情绪的方法。

我们需要注意的是克制极端的情绪。出现在极端条件下的极端情绪很难克制，例如，当我们听到突如其来的噩耗，第一反应一定是支撑不住，或大叫或大哭，也许我们很快就平静下来，但第一时间表现出的情绪是收不住的。但在谈话中，没有这种极端事件，我们却可以尽量避免这一类的情绪流露。

要留意谈话走向。当谈话的气氛越来越好，想说的话越来越多时，就要提醒自己收敛情绪，不要趁着"今儿高兴"就一股脑地把自己的底细全掏出来；当谈话气氛越来越紧张时，更要提醒自己克制，不要因为一时的恼怒说出会后悔的话；有时候对方故意摆出轻视的架势，用言词"激"我们，不要因为一时要面子，就跟着对方的问题走……即使高兴或生气，也不要过于激动，这样才能在谈话中占据制高点。

知道对方正在揣测我们，还可以利用对方的揣测心理，顺着对方的引导适当地说一些情况，对方以为这是激动时候的"真言"，我们就能给对方一种误报，隐藏了真实的情况。同理，对方也可能顺着我们的话，“表演”一番，想要弄清对方的说法是否属实，需要多“揣”几次，才不会被对方欺骗。在商业谈判中，这一类的你来我往尤其多，双方都在争夺“情绪主动权”，所以，必须在平日就训练克制情绪，不然在谈判桌上碰到高手，只有败北的下场。

非揣情，隐匿无可索之

原典

故计[①]国事者，则当审权量；说人主，则当审揣情。谋虑情欲必出于此。乃可贵，乃可贱；乃可重，乃可轻；乃可利，乃可害；乃可成，乃可败。其数[②]一也。故虽有先王[③]之道、圣智之谋，非揣情，隐匿无可索[④]之。此谋之大本[⑤]也，而说之法也。

注释

①计：筹划。

②数：道理。

③先王：古代先贤圣王。

④索：寻求，得到。

⑤本：根本。

译文

所以要筹划国家大事，就要在各方面仔细审慎地权衡；游说诸侯时，就要用揣情之术。游说者一切游说的计策都是用这种方式得出来的。有人富贵，有人低贱；有人被重用，有人被轻贱；有人获益，有人受害；有人成功，有人失败。它的道理都是相同的。虽然有先贤王者的经验和圣人智者的谋略可以借鉴，但如果不用揣情和量权的方法，还是没办法弄清那些掩藏在背后的东西。因此，量权和揣情是谋略的基础，是游说的根本原则。

解析

要说话，先揣情，要做事，先量权，这是鬼谷子的谋略法则。只有通过这种方法才能探听到他人的真实想法。有些人认为做事归做事，交流归交流，只要把事情做好，想法并不重要，并希望人与人的关系就这样简单。但事实上，涉及利益的关系从来不会简单，我们就以最平常最普通的例子来说明揣情的重要性。

都说男人来自火星，女人来自金星。男女之间经常出现驴唇不对马嘴的对话，例如女方不开心，男方问："怎么了?"女方说："我没事。"于是男方认为女方真没事，去做别的事，大半天后收到女方短信："我觉得你一点不了解我，我们还是分开吧。"男方仰天长叹："她明明说她没事啊!"——瞧，这就是不懂揣情的下场。

经典书籍中的经典概念，看上去很深奥，似乎只在国计民生、刀光剑影、激烈谈判中才会出现，其实经典之所以是经典，恰恰是因为它的普遍性，可以适用在我们每个人、每件小事上。以上面的例子为例，男方如果平日多多观察，多多"套话"，其实不难发现女方的一切行为不过希望男友多关心她，多表现出在乎她，如果只等待对方提要求，那么很多事情无法被察觉，两个人的关系就总会带着一层隔膜，所以，在日常生活中，也不妨应用揣情之术。

了解他人的心理状况和真实想法，会给自己的生活带来许多便利。人与人需要维持表面上的客气礼貌，所以，很少有人把真实情况告诉你，你做了让他人生气的事，他人表面上说没关系，其实心里恨你，若你不能表现出歉意，并想方设法弥补，让他人消气，就很容易结下一个仇家；有些人天生不喜欢流露感情，如果不懂得揣测，就不能得到对方的真实意思，如果对方是上司，那你只会一再犯错，费力不讨好……

揣测比量权困难，量权的对象是客观的，只要肯下大力气，观察学习思考，总能得出结果，但揣情的对象是主观的，多变的，想要得出明确的判断，既要有足够的阅历，也要有高超的谈话技巧，这些技术只能慢慢磨炼。最好的办法就是多与那些谈话高手接触，即使被他们“套”去不少消息，但至少观察到了他们的谈话技巧，这种直观的观摩，比任何理论都有说服力，都让人印象深刻，能给人最多的启示。

揣情还有一个潜在的危险，就是“知道的太多”。谁都不喜欢自己的隐情被他人知晓，这会给人带来一种危机感，似乎有把柄落在了他人手里，所以，这部分也要小心处理。一个平日有声誉、从不胡乱议论的人可以很好地打消对方的顾虑，表面上装作“听过就忘”，再也不提起，这种表现也能让人放下心。

千万不要把知道他人隐情当做一件值得夸耀的事，相反，要竭力表现出自己知道得不多，更不愿意多想，这既是对他人的尊重，也是继续和他人沟通的保障。想听别人的心里话，你要保证自己是个“可信的人”，而不是“会带来危险的人”，只有让人觉得“这件事就算被他知道也没什么”，你才真正有可能走进他人的内心世界。这依然有赖于平日的为人和做事。所以，鬼谷子才在文章中强调道德，《鬼谷子》中的谋略虽诡谲，却也并非是教导人们为达目的不择手段的邪书。

揣情饰言成文章，而后论之

原典

常有事①于人，人莫能先②，先事而生③，此最难为。故曰揣情最难守司，言必时有谋虑。故观蜎飞蠕动④，无不有利害，可以生事。美生事者，几之势⑤也。此揣情饰言成文章⑥，而后论之也。

注释

①有事：指策划、实施某一行动。

②先：超越。

③生：指预测揣情，获得相关信息。

④蜎飞蠕动：这里指小虫子的飞行或爬动。蜎，蚊子的幼虫。

⑤几之势：事端刚起时的形势。几，几微，隐微，不起眼，指事物刚刚萌发时的微弱态势。

⑥文章：文采。这里指语言富有煽动性。

译文

经常与人谋事的人，对别人行揣术，就没有人能够超越他，揣术在事情发生前就能预先谋划好，这是使用揣术最难做到的地方。因此说揣情最难控制，说话时必须时时谋虑。即使像小昆虫飞行或爬动那种微末的事情，都有着利害关系，微小的事情也可以使事物产生变化。大的事情的发生，往往都有几微的征兆。所以在揣情时必须善于修饰言辞，然后再开始论说。

解析

人的心理状态是复杂的，多数人都有这样的心态：不愿被人看穿心中所想之事。所以，揣情之后，不能直愣愣地说出对方的打算或顾忌，必须根据对方的个性修饰言辞，才能开始交谈，在交谈的过程中，还要随时留意对方的反应，及时调整谈话的方向，才能保证谈话的顺利进行，被揣测之人也才不会存了防范之心。

揣情之人，能够衡量他人的能力高低，但不能直接对对方说“以你的实力做不到这件事”，这显得轻视了对方，每个人都有自尊心，还有些人颇为自恋，万万不可扫了他们的面子，这会引起他们的反感。此时只适合不断显示己方的实力，引导对方思考和自己合作能够得到的好处，而不是让他们反省自己的能力，最后对这一次合作生出忌惮之意，如果使对方带着担心达成合作，过程中对方不但不会出全力，还会对你时时顾虑，实在有违合作的初衷。

揣情之人，最懂双方的利益关系，但又不能让对方觉得你的算盘打得太精，否则就会在接触过程中时时防备，总怕被你占了便宜，最后只会变得双方锱铢必较，大大影响了谈话的进程。这个时候需要揣着明白装糊涂，偶尔给对方一些小便宜，让对方认为自己得到了好处，即使在大利益上丝毫不松口，也不会引起对方的警觉。

揣情之人，能够见微知著，这种以小见大的本事，同样不能让对方知晓。有时候，为了显示自己的能力，可以适当运用自己的预见力，让对方信服，但千万不要让对方觉得“什么事都瞒不过他”，从而对你严防死守。最好的对话应该是轻松的，甚至可以在表面上稍稍落于下风，利用对方的得意心态，得到更多的消息。

揣情之人，会投合对方的胃口，说出对方想听的话。但太会说话的人总会引起别人的警觉，甚至会认为自己的底细被你摸透，心生恶感，所以，即使你对对方的一切了如指掌，也不要表现出来，反倒要做恍然大悟状："今天才知道，原来您喜欢这个。"不能让对方觉得自己在你面前没有秘密，反而要让他觉得自己没被摸透。

揣情之人，抓得住主动权，但是，没有人想要处于被动地位。如果对方发现所有的话题都随着你的意思走，所有的计划都按照你的意思做，那会引起反感，甚至非要与你对着干。所以，有些话要引导对方说出来，而不要自己说。例如双方有意拟定同样的条款，这个条款一定要由对方先说，对方才觉得这是自己的计划，否则，即使意见相同，他也会在心理上觉得自己中了你的圈套……

揣情之人，揣测的是人性，衡量的是局势。人心复杂，但人性却是根本的，可以琢磨的；局势多变，但规律却是恒定的，可以把握的。懂得揣情和量权的人，正是掌握了人性和规律这两个基本点，才能谋算人心，掌握形势。懂得基本道理，又懂得具体问题具体分析，培养随机应变的能力，我们也可以成为揣情量权的策士，在人生道路上越走越顺利。

摩篇第八

摩之在此，符应在彼

原典

摩[1]者，揣之术也。内符[2]者，揣之主也。用之有道，其道必隐。微[3]摩之，以其所欲，测而探之，内符必应。其所应也，必有为之[4]。故微而去[5]之，是谓塞窌[6]、匿端[7]、隐貌、逃情[8]，而人不知，故能成其事而无患。摩之在此，符应[9]在彼，从而用之，事无不可。

注释

①摩：本意为切磋、研究，这里借指探测对方心理的一种方法。

②内符：符于内，即见外符而知内情，指通过观察对方的外在表现而准确地判断出其内在的心理因素。

③微：暗地里。

④有为之：有所作为。

⑤去：离开，指巧妙地保持一定的距离。

⑥塞窌：意谓堵塞漏洞。窌，地窖，这里引申为漏洞。

⑦匿端：隐匿头绪。

⑧逃情：隐藏起己方内心的真情。

⑨符应：符合响应。此指由于我们的摩意而发觉的对方相应的外在表现。

译文

摩是揣情术的一种。探测对方内心的真实想法是“揣”的主要目的。运用摩是有规律的，主要是要做到隐秘。暗中使用摩的方法，透过对方的欲望和喜好，微妙地进行试探，对方的心里必然会有所变化。内心有了变化，必然会从外表显出来，这样我们就能有所作为了。达到目的后再恰当地保持距离，这么做是为了填堵漏洞、藏匿端倪、隐蔽外漏、隐藏情绪，使别人都不知道自己的真实心理，这样做事情才能取得成功并且不会留下祸患。自己在这里揣度试探对方，对方的真实心理就会在那里显露出来，然后我们再根据他的反应做事，就没有事情做不成功的。

解析

《摩》篇是《揣》篇的延伸，摩就是揣的方法，教导人们应该如何试探他人。想要在谈话中听到他人说实情，得到对方的实际底细，首先要了解最普遍的人性。人最喜欢的是什么？什么东西能让他们有表达的冲动？无疑，激发这种情绪的就是他们心底的欲望，只要摸准这种欲望，就有了最好的谈话主题。

人的追求各有不同，欲望也就不一样。多数人追求金钱名利美色，也有人只爱“悠然见南山”的高士风度，还有人就喜欢安稳度日，不能笼统地说他们是酒色之徒、名利之徒、清高之人或不思进取之人，因为欲望人人都有，只要不过界，就很难以好坏界定。理解他人的欲望，承认他人的追求，就避免了先入为主，能够更客观地揣摩对方。

而且，人很擅长隐藏自己真实的欲望。金庸的《笑傲江湖》之中，令狐冲的师父岳不群就是个高手，他觊觎武林高位，想要练就绝世武功，但平日的他总把这种心思收起来，表面上，他扶弱锄强，为人公正，光明磊落，是人人称赞的君子，但人生阅历丰富的任我行、少林寺方丈、武当派掌门等人，却能一眼看出他是个伪君子。可见无论如何隐藏，人的真实欲望总会在不经意间流露出来，被那些眼光准的人捕捉。

想要捕捉他人的欲望，最主要的是看他为什么样的事高兴。一个人口头上追求的东西并不代表内心的真实需要，一个人总在做一件事也不代表他的爱好。而那些符合他真正喜好的东西，才能让他真正开心。有些人看到钱就高兴，有些人得到了名次高兴，有些人交到漂亮的女朋友高兴，这种高兴会通过表情传达给他人，及时发觉，就能知道他的需要。

观察他人的爱好，也是捕捉一个人内心欲望的好办法。爱好是私人的，在私下的时间从事的，很少有人在爱好上作伪，给人误导，这等于牺牲了自己的所有生活。所以，打听他人的爱好，一来可以知道对方喜欢什么，有个话题；二来可以投其所好，用对方的爱好引诱他说出更多的话。

试探的步骤必不可少。不论如何观察，我们推测的结果都可能与实际情况有偏差，必须以事实为依据，方可推出答案。猜测提供了谈话的方向，顺着这个方向，试着与对方交谈，如果对方感兴趣，自然愿意多说，反之少说，我们就可以在对方的态度中，验证自己的推测是否正确，不正确的话，就换一个方法。

揣摩是为了应用，一旦探知到对方的欲望所在，就一定要利用起来，考虑任何事都要把对方的欲望作为重要的筹码。让对方知道与自己合作一定会满足他的欲望。因为有了这种“关照”，对方也会积极起来，不但愿意和你谈话，还愿意尽量配合你，这时候他会认为自己的行为都是为了自己的利益，其他的事暂且不必考虑。

懂得这一点，我们更要注意收敛自己的欲望表达。我们当然也有追求的东西，但这东西一旦暴露，就会成为对方牵制我们的砝码。所以，在谈话中要警惕那些拿着“欲望钓竿”的人，更不要被对方引导，明确说出自己想要的东西，只有把真实意图牢牢藏住的人，才是主动者，才有最大的选择权，这一点，不论何时都要牢牢铭记。

圣人谋之于阴，成之于阳

原典

古之善摩者，如操钩而临深渊，饵①而投之，必得鱼焉。故曰主事②日成而人不知，主兵③日胜而人不畏也。圣人谋之于阴④，故曰神；成之于阳⑤，故曰明。所谓主事日成者，积德也，而民安之不知其所以利；积善也，民道⑥之不知其所以然，而天下比之神明也。主兵日胜者，常战于不争⑦不费，而民不知所以服，不知所以畏，而天下比之神明。

注释

①饵：把饵系上鱼钩。

②主事：此指主持国家政治、经济大事。

③主兵：指挥战争。

④阴：私下。

⑤阳：公开。

⑥道：通“导”，这里是被动用法，指被引导。

⑦战于不争：以不争为战，即用计谋权术消弭战祸。

译文

古代善于使用“摩”术的人，就像临着深渊操钩垂钓一样，将鱼饵投到水中，就一定能够钓到鱼。所以说，这种人管理政务，总是有成就而别人却不知道原因。指挥打仗，总是能打胜仗，士兵相信统帅的谋略而不惧怕敌人。这是因为圣人总是在暗中谋划，所以被称为“神妙”；成就摆在明处，被称为“圣明”。所谓主持政务能有成就，是源于他在德行方面的积累，民众安居乐业，却不知道他们享受利益的原因；他教育民众积善，而民众都依照着去做，却不清楚如此做的原因，因此，天下的人就将他视为神明。他主持军务总是能取得胜利，是因为他通常不采用攻伐的方法，也没有消耗人力、物力就取得了胜利。而民众不知道他是如何使敌人臣服的，不知道敌人畏惧他的原因，因而天下人就把他看做是神明。

解析

在现代汉语之中，“阴谋”是贬义词，而在鬼谷子的论述里，阴谋还只是一个中性词，说的是谋略一定要在暗地里进行，不为人知。古代的智者常常在暗地里运筹，旁人看到的只是良好的结果，完全不知道他究竟如何做到了这件事，这样的人自然会让天下人佩服并忌惮，似乎什么事都瞒不住他，什么事都难不倒他。

“谋之于阴，成之于阳”，是捭阖者的大智慧，也可以应用在现代人的生活中。很多人不会把自己的目标告诉他人，一来知道的人多，议论的人就多，会导致自己分心；二来人心难测，一旦目标确定，难免会有心理阴暗的人从中阻挠；三来是为了麻痹竞争对手，使他们疏忽大意。所以，“阴谋”必不可少，甚至必须如此。

为了使别人不察觉到自己的动向，很多人选择“虚张声势”，就是表面上大张旗鼓地做着一件事，暗地里却在紧锣密鼓地筹备另一件事，等到真正想做的事有了成果再公布出来，或者不公布，只让别人看到有这样的成果。这主要是为了迷惑对手，让对手不知道自己究竟在做什么。所以，我们在日常生活中，既要学会使用“障眼法”，也要小心他人的“烟幕弹”，凡事都不能只看表面上的动向，而应该深入调查。

还有一种虚张声势更让人头疼，即有人做出很有能力、很有资源的假象，骗我们上钩，捞取我们的利益。他们说的话、做的事似模似样，很难分辨真假，这就更需要我们擦亮眼睛，凡事都要自己去看，眼见为实。这一类的骗子不少，涉世不深的年轻人是他们的目标，就连经验丰富的人有时候也会不小心上一次当，不得不防。

如何在暗中筹划一件事，不被人发现？首先要保证知情者不会泄密。想做一件事，合作者大多是知情者，所以必须开诚布公使大家达成共识，不能打草惊蛇引起对手的注意。能够自己谋划的时候，就不要让别人知道太多，计划只有放在自己心里才是最安全的。如果是领导，只需吩咐手下去做事，不需要跟他们解释，这是领导的特权。如果发生泄密，一定要不动声色，暗自调查泄密的人，及时更改计划，千万不可慌张，给人以可乘之机。

懂策略的人大多气定神闲，他们很少为什么事急躁，总是慢条斯理地做着自己该做的事，似乎天塌下来也没关系，可见，沉稳的状态是筹谋事情、揣摩他人的条件。一个毛毛躁躁的人无法静下心来观察他人，一个沉不住气的人也不可能周密地做事，所以，想要更好地理解捭阖之道、揣摩之道，还要加强自己的内在修为。

能让人静心的事情不少，阅读、茶道、散步、听音乐……每个人都能找到使自己放松平静的方法，用心感受这样的心态，把这种心态扩大，扩大到生活、到工作，渐渐修炼出平和的气质，对自己有莫大的好处。有城府的人大多是安静的，在别人浮躁的时候，他们默默地观察，默默地努力，弥补自己与他人的差距，结果常常是在众人的惊叹中“杀出一匹黑马”，让人赞叹不已，这也是“阴谋”的一种，它的效果显而易见。

圣人所以独用者，众人皆有之

原典

其摩者，有以平[①]，有以正[②]，有以喜，有以怒，有以名，有以行，有以廉，有以信，有以利，有以卑。平者，静也；正者，宜也；喜者，悦也；怒者，动也；名者，发[③]也；行者，成也；廉者，洁也；信者，期[④]也；利者，求也；卑者，谄[⑤]也。故圣人所以独用[⑥]者，众人皆有之，然无成功者，其用之非[⑦]也。

注释

①平：平和。

②正：公正。

③发：发生，散发。

④期：期待。

⑤谄：通“韬”，隐藏，隐瞒。

⑥独用：独自使用，这里指圣人使用的手段。

⑦用之非：用得不恰当，没用到关键处。

译文

使用“摩”术有很多种方式：有的平和，有的方正，有的令人喜悦，有的使人愤怒，有的用名声，有的用行动，有的讲廉洁，有的讲信用，有的讲利益，有的讲谦卑。平可以使对方用平静的心态做事；正可以使对方觉得相宜；

喜就是让对方高兴；怒就是让对方激动；名是为了让对方的名声能够远播；行就是让对方能够有所成就；廉就是要廉洁自律；信就是让人们因其讲信用而对他十分期待；利就是实现自己的诉求；卑就是让对方韬光养晦。因此圣人独自使用的这些方式，普通人也同样可以用，但最终却没有人能够成功，原因就在于没有严格按照摩术的规律来做。

解析

摩的方法有很多种，究其实质，都是利用他人内心的欲望探测其内心。作为一种人际交流技术，这种方法人人可用，但却不是人人用得好，倒常常弄巧成拙。想要激他人说出真话，却让他人气得拂袖而去；想要让对方高兴，却被他人认为是阿谀之徒而疏远；想帮助对方的事业，却让对方觉得这是“无事献殷勤”……这都是因为我们的技术不过关，让对方一眼看出了我们的目的，谁愿意被揣摩被利用呢？所以想要揣摩他人，控制他人，必须时时注意隐藏自己的意图，不让对方察觉。

隐藏自己的意图，低调是最好的方法。所谓低调，就是不招摇，不在别人面前显示自己。凡事都做到心中有数，自己的本事要在最恰当的时候拿出来，即使成功也不骄傲。“木秀于林，风必摧之；人浮于众，众必毁之”。生活需要低调，为人处世更不可不“低调”。低调做人，使你在与人共事时留下较大的回旋余地，是一种必要的自我保护。因为低调，别人会觉得与你相处很舒服，你也会获得他人的敬佩和认可，进而建立良好关系。

越是低调做人，越容易成就大事，就如同种子扎根越深，越能够长成参天大树。古今中外的成功者都有这样一种反差：做事高调，做人低调。做事高调是为了取得众人的响应，做人低调是为了避免众人的诋毁。所以，一些名满天下的人，看上去倒显得默默无闻，与普通人没有多大区别，这正是他们智慧的体现。

初唐时代有四位有名的诗人：王勃、杨炯、卢照邻、骆宾王，他们都是才子，因写诗好被称为“初唐四杰”，名噪一时。当时有个叫裴行俭的大臣曾对人说：“这四个人才华的确高，但只有杨炯性格沉稳一些，应该能有个好结果，其余三个人太过浮躁，哪里能得到高官?”后来的历史果然见证了裴行俭的预言，王勃、卢照邻和骆宾王都死于非命，这都是因为他们平时不够谨慎，不懂得低调做人的道理，才遭来祸患。

人总有炫耀的天性，希望向别人显示自己的与众不同，显示自己的富足或优秀，于是会自夸，或在被夸奖时沾沾自喜，却没想到自己显摆的东西别人也许早就有了，也没想过别人的夸奖是因为礼貌客套。一个喜欢自吹或被人吹捧的人难免浮躁肤浅，这样的人很容易被他人揣摩并掌握，可以说，太爱出风头本身就是一种缺点。

低调代表了一个人的胸襟。想要攀登高峰的人，不会把路途上的小土坡放在心上，即使登上小土坡，也不会和人吹嘘。这也是因为他们越是努力，就越知道自我的渺小和目标的高远，就越能沉下心来，抛弃浮躁，一心一意做自己该做的事。有足够智慧的人，才能深刻地体味自己的能力与目标的差距，于是更加谦虚地去接纳一切，培养了海纳百川的心胸。

低调是一种从容的处事态度，凡事不张扬，在不知不觉中解决问题，既让人觉得意外，又让人心服口服。所以唯有低调的人才能够在现如今的世态纷扰之中坚持淡定从容的志趣，以平和乐观的心态来面对风云莫测的人生，才能够在社会这个纷繁的大舞台上扮演好自己的角色，做最后的强者。

道、数与时相偶

原典

故谋莫难于①周密，说莫难于悉听②，事莫难于必成。此三者③，唯圣人然后能任④之。故谋必欲周密，必择其所与通者⑤说也，故曰或结而无隙⑥也。夫事成必合于数，故曰道数与时相偶者也⑦。

注释

①莫难于：没有比……更难的。

②悉听：全盘听从。

③三者：指谋周密、说悉听、事必成。

④任：负担。

⑤通者：心意相通的人。

⑥隙：漏洞。

⑦故曰道数与时相偶者也：策士谋事能否成功，还要看天时、规律与技巧这三点是否相合。

译文

因此，制定谋略时没有比周到严密更难的，游说没有比让对方全部听从己方的意见更难的，做事情没有比要所做之事必须成功更难的。这三个方面，只有圣人才能胜任。所以，计谋要做到周密，就必须挑选与自己思想一致的人共同谋划；就像给绳子打结一样紧密团结而没有间隙。做事情要想成功，就必须要符合揣摩之术，道理、技术与时机要相互结合得当。

解析

揣测人心不是为了打探别人的隐私，而是为了达到自己的目的。与人相处，目的不外乎两个：掌握他人心理结交对方，掌握他人弱点战胜对方。这两个目的也常常扭在一起，合作中有相互牵制，对抗中有相互妥协，一切根据双方的目标来转移。而在合作之中，揣摩显得更为重要，它直接决定了合作的结果。

鬼谷子认为在合作之中，在大的方面看，计谋必须周密，这就需要合作双方都有保密意识。而这种意识有时候不需要落实在口头上，而需要心意相通。毕竟，多数合作不是双方在同一时间同一地点进行同一行动，彼此保持透明状态，而是双方各有分工，你忙你的我忙我的，这个时候，默契就显得尤为重要。

所以，揣摩他人也是确定双方是否合拍的过程。只有那种认同自己，并与自己处世观相近的人，才有可能成为默契的合作伙伴，不需要你一再叮嘱，一再担心。既有共同利益，又认同彼此的想法，又有能力的人，这样的人，也许不会凡事都被你控制，但却懂得通融，还能让你学到不少东西，是合作者的上上之选。

那些有能力，又易于控制的人也是合作的好人选，即使他们有某方面的缺憾，但因为能够听从你的建议，或者服从你的指挥，即使出现了什么纰漏，也在你能够控制的范围之内，他们的言行都在你的把握之中，至少不会拖后腿。

太过情绪化的人会带来一定的麻烦，你固然能够通过他的情绪察觉他的内心，别人也可以很轻易地知道他的底细，所以和这种人合作，最好不要让他知道全盘计划，只让他发挥自己的能力。这就是把保密工作一力承担下来。而他是心无城府之人，也不会过分计较你的保密，反而会把你视为神机妙算的军师。

独断独行的人最难以应付，他们太有自己的想法，又总是认为只有自己才是对的，根本不肯听他人的劝告，非要与他们合作，就只能按照他们的步调走，即使面对风险，他们也会一意孤行，这是合作者的下下之选，如果不是情势所迫，最好不要合作。

在一个团体里也是如此，想要保证上下一心，团结一致，领导者必须揣测下属们的心迹，保证他们没有二心，又要了解每一个人的弱点，知道他们应该从事什么样的任务。想要做成一件事，必须保证每一个参与者向同一个方向使力，像一股绳一样拧在一起，而不是各行其是，如果没有统一的思想意识，即使有共同利益的作用，也容易在内部出现问题。

所以鬼谷子才说，成事是道、数与时相偶，缺一不可。思想上保持一致，能力上互相补充，再抓住恰当的时机，这样的合作很少有不成功的。而我们之所以不断观察，不断揣摩，不断试探，不断选择，就是为了寻找到一个默契的合作者，来实现那些我们无法靠一个人实现的目标。要不断与人接触，不断寻找可能的合作者，也许他现在还只是一个普通的朋友，有一天，他也许会成为你事业上的有力帮手，帮助你攻克难关，建立自信，取得荣誉。所以，不要放弃任何一次观察，不能轻视任何一个人，不要放过任何一个了解他人的机会，这也是建立良好人际关系的要诀。

几者不晚，成而不拘

原典

说者听必合于情，故曰情合者听。故物归类[1]，抱薪[2]趋火，燥者先燃；平地注水，湿者先濡[3]。此物类相应，于势譬犹[4]是也。此言内符之应外摩也如是。故曰摩之以其类焉[5]，有不相应者，乃摩之以其欲，焉有不听者？故曰独行之道[6]。夫几[7]者不晚，成而不拘[8]，久而化成。

注释

①物归类：事物同类相合。

②薪：柴火。

③濡：滋润。

④于势譬犹：在情势上必然产生的趋向。

⑤故曰摩之以其类焉：指用相同的感情，设身处地地去琢磨别人。也就是我们所说的换位思考。

⑥独行之道：圣人使用的方法。

⑦几：事物的微小征兆。

⑧成而不拘：事情做成却不居功。

译文

游说时要想让别人听从自己的意见，必须要与对方的感情相契合。事物都因为是同类才能相聚合，就好比将柴薪抱入火中，干燥的柴薪会先烧着；往平地上注入水，湿润的地方先濡湿。这就是物以类聚的道理，在情势发展上也是如此。这里所说的从人外表的反应揣摩内心的感应也是这种道理。因此，运用“摩”术，就要用同理心去揣摩感应，岂有不相呼应的道理呢?依据他的欲塑去揣摩推测，这样对方岂有不接受的道理呢？所以说只有圣人独自使用这种策略，预见到事物的微小征兆就马上采取行动，就不会坐失良机；事情成功后，亦不居功自傲。如果能够坚持长期这样做，就能取得最后的成功。

解析

在陈述完揣摩之术的原理、具体运用之后，鬼谷子提出告诫：成而不拘。就是说成功后不要恋栈功名，把功劳让给别人，自己退出，这才是长久之道。费尽心思气力得到的成绩，却不去占据，这显然有违人性。但鬼谷子的目光更远，人生有小目标，有大目标，达到小目标并不是最重要的，重要的是要通过小目标，达到最终的那个大目标，在这个前提下，小成绩，小功名，即使让给别人，又有什么可惜?

“不居功”是谦虚。一件事情的完成，并不是一个人的功劳，合作者也和你一起分担了压力，经历了考验，付出了心血，肯定他人的成绩，夸奖他人的功劳，不去争夺功劳，就是一种谦虚的风度。也许一开始，别人会因你的不居功，将功劳看成他人的，但次数稍多，谁都看得出你的能力，你的作用，更重要的是看到了你可贵的品格。

“不居功”是谨慎。一个团体即使有统一的目标，内部也难免有矛盾，成员之间也会有竞争。一件事情完成，每个人都出了力气，如果被赞美的人只有你，一定会造成他人心理的不平衡，而这种掺杂着嫉妒、埋怨的心态一旦发展下去，就会变成对你的敌意，让你今后无法顺利地与他人合作。所以，不居功也是一种自保的方法，避免自己锋芒太露而成为众矢之的。

“功成身退”是一种大智慧。历史上不乏这样的例子，武将保家卫国，取得了胜利，回朝后得到了皇帝的赏赐，加官晋爵，金银财宝赐了无数。这个时候，有些人会选择回家养老，有些人则继续巩固自己的地位。前者大多善终，后者大多身首异处。一个王朝建立时，这种事特别明显，汉朝、明朝的那些立下重大功勋的开国大臣，都因为功高盖主被猜忌，被铲除。可见，功成身不退，就会成为他人的眼中钉。

不居功的思想也符合国人一再倡导的中庸智慧，做事不需要做满，而需要留白，做到自己该做的部分，其余交给他人，只要一直在做事，自己的功劳就不怕别人看不到；只要常常退让，与众人分享功劳，即使身居高位，也会比一般人少一些风险。这是鬼谷子提倡的长久之道，也是每个成功者应该领悟到的“高处不胜寒”的应对方法。

人人都喜欢不居功的人，上司喜欢不居功的下属，当下属取得大成绩，却对人说：“这都是我老板指导有方，我只是按照他的安排卖个力气而已。”上司对这位下属的好感会大大增加；合作者不喜欢贪功的伙伴，谁也不愿意把自己辛辛苦苦赚来的名誉放到其他人身上；日常生活中，人们也喜欢那些不占据主导地位的人，这会让他们有自己是主导者的感觉……

成而不拘，不是一件容易的事，因为谁都喜欢被夸奖，被羡慕，被肯定，所以，想要做到不居功，就要懂得调整自己的心态。要想到功名累人，功劳加身有时候是负担，很容易让人裹步不前，或者成为他人攻击的目标。做到一件事，把成功的喜悦交给别人享受，自己轻轻松松地放下，继续去做下一件事，这才是做大事者的风度，也意味着更多的成功。

权篇第九

说者，说之也；说之者，资之也

原典

说者，说之也①；说之者，资之②也。饰言③者，假之④也，假之者，益损⑤也；应对者，利辞也，利辞者，轻论也；成义者，明之⑥也，明之者，符验⑦也。言或反覆，欲相却也。难言者，却论⑧也，却论者，钓几⑨也。

注释

①说者，说之也：前一个“说”意为游说，后一个“说”意为说服。

②资之：给人以帮助。

③饰言：修饰得好听的语言。

④假之：借以说服他人。

⑤益损：增减。

⑥明之：阐明真伪。

⑦符验：用事例证明。

⑧却论：持反对论调。

⑨钓几：诱导出对方心中隐藏的细微之事。

译文

游说的目的是为了说服对方，要想说服对方，就要说对他有帮助的事情。修饰言辞，目的是要借助语言的力量说服对方，要借助语言的力量，需要对言辞进行加减修饰。应对对方的提问，要用机巧的言辞浮泛作答。申明义理的言辞，必须用实例进行验证说明。如果不能说明白，就要反复地论证，以消除对方的思想顾虑。难以说明的，就要反问，反问的目的是为了把对方隐秘的、细微的事情诱导出来。

解析

第九篇《权》篇，讲的是游说之术，从游说的性质、目的、手段入手，具体说明游说的原则，《鬼谷子》讲的是捭阖之术，而游说就是实现捭阖的具体方法。鬼谷子的学说是纵横家的学说，而纵横家最大的特点，就是以机变的口才说服各国国君，左右时局。所以，游说有大学问，必须单独开出篇章，详细说明。

在众多个人素质中，口才是非常重要又引人注目的一项。《三国演义》中的诸葛亮奉刘备之命前往江东说服孙权联刘抗曹，遭遇了孙权手下众多谋士的围攻，而诸葛亮面不改色，将众人逐一反驳，上演了一幕“舌战群儒”，让世人记住了诸葛先生的智慧与辩才。可见，良好的口才是一种武器，不但可以保护自己，还可以推动事件的发展，决定未来的走向。

想要凭借自己的口才说服他人，首先要懂得说服的前提：要让别人清楚，你的目的是帮助他。不要以为凭着滔滔不绝的口才就能征服他人，让对方顺从你的意思，在涉及具体利益的时候，没有人是傻瓜，他们也许会赞叹你的口才，但不会因为你说几句漂亮话就相信你。多数人只相信看得见或估算得到的好处，所以，说服的基本点不是卖弄唇舌，而是说服对方相信听你的话，肯定会有收益。

如此一来我们也能得出这样的结论：好的口才不是口若悬河，而是能把话说到点子上。毕竟，我们都是普通人，很难具备纵横家的素质，但要以合情合理的话说服对方，还是很容易做到的。而在谈话之中，鬼谷子也总结了几个关键点供我们学习：

想要用言辞打动人，就要加以修饰，言辞不能太俗，显得肤浅；也不能太高深雅致，显得装模作样，通畅自然的语言才是我们应该追求的，至于修饰，不是指用好看的字眼，而是要多用比喻、拟人等修辞，让平直的语言变得生动有趣，偶尔的警句，也能让你说的话留下回味悠长的韵味。如果还能够表现你的幽默感，就更会让人印象深刻，当然，幽默也和天赋有关，如果没有这种才能，就不要勉强自己去说笑话，否则只会冷场。

说出去的话都是泼出去的水，无法收回，所以在对方发问的时候，需要斟酌之后再给出答案，不能随口就答。一来是为了保证自己的目的不泄露，二来是为了有时间修饰语言，三来是考虑对方的接受能力。有时候对方会突然扔出一个问题，让我们防不胜防，这个时候回答就更要巧妙，最好的方法是避重就轻，和对方兜一会儿圈子，在这期间考虑最佳答案。

想要让对方明白某件事，要保证条理清楚，表达明确，如果对方有理解偏差，就要反复解释。这个“反复”，不是同一句话说上十遍二十遍，而是要把同一个意思，通过不同的形式来表达，可以讲故事，举例子，打比方，直到对方明白为止。而想要阐述一个道理，则一定要佐以事实，这样对方才会信服。

两个人说话总有不合之处，这个时候一定要小心，不可以出现“话不投机半句多”的尴尬，可以平和地论辩，让对方了解自己的观点；也可以借着这个机会，引导对方说出更多个人意见，来观察他的性格与目的，总之，要随时控制谈话的氛围，尽量不出现激烈的对抗。

生活中，有些人觉得与人说话很费劲，不是找不到话题就是不知道该如何接对方的话，有些人却可以轻松地和所有人交谈。这是因为他们有一个良好的谈话姿态，他们想说就说，又不勉强别人。要敢于以自然坦诚的态度表达自己的看法，那么别人自然就很容易地理解你的想法，彼此的沟通没有了障碍，你也可以成为一个善于交谈的人。

佞言、谀言、平言、戚言、静言

原典

佞言者，谄而干①忠；谀言②者，博③而干智；平言④者，决而干勇⑤；戚言⑥者，权而干信；静言者，反而干胜。先意承欲⑦者，谄也；繁称文辞者，博也；纵舍不疑者，决也；策选进谋者，权也；先分不足以窒非⑧者，反也。

注释

①干：博取。

②谀言：谄媚，以不实之辞奉承人。

③博：广泛使用华丽的文辞。

④平言：直截了当的言辞。

⑤决而干勇：果决不疑而求取勇的名声。

⑥戚言：忧心忡忡的语言。

⑦先意承欲：先预测到对方的欲望，然后利用对方的欲望施以言辞。

⑧先分不足以窒非：自己的理由不足反而责备对方的过错，致使对方成为过错一方。

译文

佞言，就是为了谄媚讨好别人而说出的言不由衷的言辞，以标榜自己的忠诚；谀言，就是用阿谀奉承的言辞，炫耀自己的才华，以标榜自己的智慧；平言，就是用平实的言辞果断直言以彰显自己的勇敢；戚言，就是做出忧戚的模样，而赢得对方的同情；静言，故意回避自己的短处，反而批评对方的不足，以此赢得胜利。预先揣测对方的意图，再顺着对方的欲望去说，就是谄；大量引经据典去说，称为博；抛开疑虑，果断地去说，称为决；根据具体情况选择适合的策略来说，称为权；回避自己的短处反而指责对方的不足，称为反。

解析

佞言、谀言、平言、戚言、静言是鬼谷子对游说言辞的分类，鬼谷子认为在言谈过程中，要巧妙变换语言的类型，并根据具体情况决定自己该迎合、虚与委蛇还是直截了当、反驳。鬼谷子的总结很有概括性，即使在现代，我们也必须留意日常生活中听到的言辞，以及这些言辞下包含的目的，并在了解的基础上想到应对的方法。

对待说佞言的人，我们不能简单地驳斥，也不宜立刻疏远。俗话说“伸手不打笑脸人”，说佞言的人，不管他们的目的是什么，但他们说的是赞美你的言辞，直接反驳不但扫了他们的面子，还让旁观的人觉得你过于严肃，难于接近。对待佞言的最好方法就是“姑且听之”，但一定在内心里对这些言语提高警惕，不要被人吹捧过头。头脑清醒的人不会过于接近说佞言的人，因为他们往往只是说得好听，还给别人留下一个你喜欢被奉承的印象。

对待说谀言的人，他们旁征博引，言辞华丽，听他们说话无疑是一种享受，而且还能增长见识。如果自己本身也是一个渊博的人，不妨跟他们就某些问题深入探讨，但记得探讨即可，不要升级为争吵；如果自己本身并没有这样的口才，安静地倾听，偶尔发问，才是与他们相处的最恰当办法。

对待说平言的人，一定不要太过拐弯抹角。说直言的人或出于对于你的信任，或出于他们直白爽快的个性，如果你回答得模棱两可，对方就会觉得你不实在，降低对你的好感。所以，你可以保留一些情况，但一定要快速地回答对方，显示出你的诚意。对这样的人也不宜试探过多，与其试探，不如直截了当地发问，才更合他们的胃口，更能引出他们的表达欲。

对待说戚言的人，一定要注意语言的柔和。说戚言的人有些是遭遇了不幸，有些是故意说自己的不幸以博取他人的同情，不论哪一种情况，都不应该冷硬地交谈，这会显得不近人情，但也要明白他们的目的，不能因为一时哀悯就答应他们的请求。对待戚言要以安慰为主，表达出自己感同身受的悲伤，但不要轻易许诺提供帮助。

对待说静言的人，则要点到而止，既要表达自己的立场，又不能让对方恼羞成怒。说静言的人自知理亏，却指责他人，这是一种心虚的表现。如果双方正在辩论，那么应该直接指出对方在偷换概念，不能被对方转移话题；如果只是普通的谈话，那么不妨大方一点，不要理会对方的指责，这也能让对方平静下来，并因为你的大度，对你多一些好感。

我们要学会说各种类型的语言，因为每一种说辞都有它的好处和用处，更要在学习的同时想到应对它们的方法，这样才不会被别人的言辞所控制。学习是多方面的，要随时引用逆向思维，才能让我们学到更多东西。言辞如此，一切学问也是如此。

言者，有讳忌也

原典

故口者，机关也，所以关闭情意①也；耳目者，心之佐助②也，所以窥瞯③奸邪。故曰参④调而应，利道⑤而动。故繁言而不乱，翱翔而不迷，变易而不危者，睹要得理。故无目者不可示以五色⑥，无耳者不可告以五音⑦。故不可以往者，无所开之也，不可以来者，无所受之也。物有不通者，圣人故不事也。古人有言曰："口可以食，不可以言。"言者，有讳忌也。"众口铄金"，言有曲故⑧也。

注释

①关闭情意：控制自己的心境和意志。

②心之佐助：思维的辅助。心，指思想、思维。

③瞯：窥视。

④参：同"叁"，指口、耳、目三种器官。

⑤利道：向有利于自己的方面引导。

⑥五色：青、黄、赤、白、黑五种颜色，泛指各种色彩。

⑦五音：古乐五声音阶的五个阶名，即宫、商、角、徵、羽。泛指音乐。

⑧言有曲故：说话时因怀有私心而难免歪曲事实的缘故。

译文

因此说口是用来控制实情和意图的机关，耳目是心的辅助器官，可以用来窥伺奸邪。口、耳、目三者协调互动，做好计划然后行动。这样就能做到：即使言辞很繁复也不会混乱，自由飞翔也不会失去方向，情况复杂多变而不会发生危险，这都源于抓住了事物的关键，掌握了其规律。因此，看不见的人不可以给他示以各种颜色，听不见的人不可以给他示以各种音乐。如果不去游说，就不会打开对方的心扉而了解实情，如果不让他人前来游说，就不会得到对方的想法。如果双方不能沟通，圣人就不会去为其做事。古人曾经说过："嘴巴可以随意吃东西，但不能随意讲话。"讲话是要有所忌讳的。"众口铄金"，就是因为人们说话歪曲事实的缘故。

解析

口可以说，不可以言，不是说尽量少说话，而是劝人们不要说不该说的话。说话有忌讳，才能保证话语的"安全性"，一来不伤害、激怒他人，二来要保护自己，给自己留有回旋余地。语言是工具，一定要妥善使用，才能带来益处，否则就容易"祸从口出"，历史上因几句话给自己带来祸患的，大有人在，这是我们必须吸取的教训。

泄露自己实情的话不能说。在有目的的谈话中，所有人都希望知道对方的情况，擅长谈话的人更会设下陷阱套话。所以，能说什么不能说什么，一定要心中有数，那些涉及自己根底的话，遇到了就赶快转开话题，可以少量透露，但绝对不能深入。平时与人说话，也要切忌交浅言深。对那些明明刚认识却对你掏心掏肺的人，更要谨慎提防。

不实的消息要少说。人们在聊天的时候什么话题都会涉及，对那些自己并不了解，或者没有实际调查过的消息，最好少说。不要因为别人都在言之凿凿，就信以为真，成为传播者。闲聊的时候多听少说才是明智的选择，当别人询问意见的时候，随口敷衍，不要臧否人物，也不要随便表明立场。

对他人的诽谤一句也不能说。所谓"好话不出门，坏话传千里"，你的一句议论，一句恶言，一句诽谤，都会广为人知。隔墙有耳，何况你面对的不是墙，是能开口的大活人。即使对谁真的有什么意思，也要藏在心里，不要透露出来，这同样泄露了你的喜好，可能成为你的弱点。何况，背后诽谤他人本身就不是光明磊落的行为，只会落人口实，影响你自己的名声，并让你厌恶的人更加厌恶你。

同时，对别人说的话也有留意，特别是那些口才好的人。有些人就是喜欢一逞口舌之快，他们说的话倒是只为炫耀，没有更多的意思。而有一些人辩才高超，谈话技巧过人，和他们打交道就要提高警惕，防止落入对方设好的言语陷阱中，让对方掌握了主动权。

有一种谈话情况会让我们陷入被动，就是完全没有准备的突来会谈，对方是我们想争取的人，但我们还来不及更多地了解对方。这个时候既无法一下子找准对方的爱好点，也不知道对方的个性如何，与其说多错多，不如把说话的机会留给别人，自己只在接话时适当引导，这样，即使自己没有充分的准备，也能从对方的谈论中得到不少消息。

批评他人，是最容易得罪人的时候，这个时候要牢牢记住他人忌讳的事。如，可以批评对方做错的某一件事，但不要全盘否定对方的能力；可以批评对方言辞上的失误，但不要揣测对方怀有恶意；可以指出对方处事的不妥，但不要质疑对方的人品。总之，批评他人要就事论事，不要涉及其他方面，才让人容易接受，而不是反感。

说话还有一些礼貌和习惯上的忌讳，如称呼对方的父母、家人要特别注意礼貌，不能轻易评价他人的朋友，关系不够亲密不要指摘对方……此外，有些人有特别的禁忌，如有些人不喜欢某个话题，这些事都要事先打探好，不要碰触对方的雷区。如果觉得自己言语不当，一定要及时道歉，消除对方的不快。谈话中，忌讳的实质是为他人的心情着想，你想得越多，说话自然越有分寸，谈话效果只会越来越好。

言其有利者，从其所长也；言其有害者，避其所短也

原典

人之情[1]，出言则欲听[2]，举事则欲成。是故智者不用其所短，而用愚人之所长；不用其所拙，而用愚人之所工[3]，故不困[4]也。言其有利者，从其所长也；言其有害者，避其所短也。故介虫[5]之捍也，必为坚厚；螫虫[6]之动也，必以毒螫。故禽兽知用其长，而谈者亦知其用[7]而用也。

注释

①人之情：人之常情。

②欲听：希望别人能够听从。

③工：擅长。

④困：陷入困窘的境地。

⑤介虫：指有甲壳的虫类。介，通“甲”。

⑥螫虫：指有毒刺的虫类。

⑦知其用：知道自己可以发挥的长处。

译文

自己说的话总是希望别人听从，做事情总是希望有所成就，这是人之常情。因此，聪明的人从不用自己的短处，而用愚人的长项；从不用自己的拙劣的方面，而用笨人擅长的方面。因此，他就不会陷入困难的窘境。指出对方的

有利之处，是为了利用其长处；指出对方的不利之处，是为了避开其短处。因此，有甲壳的动物在自卫时，必然会依靠坚厚的甲壳；有毒刺的昆虫在攻击敌人时，必然会使用它的毒刺。由此可以看出，禽兽都懂得利用自己的长处，而游说者也应当懂得利用自己的优势。

解析

谈话有时候会变成一场言语的交锋，以言语来显示自己的优势，这个时候，就要知道避开自己的短处，多说长处，这样才能取得最好的效果。每一个事物都有它固有的长处和短处，在谈话的时候，也要懂得什么时候该说长处，什么时候可以说短处，不必以科学家的态度给别人做全面分析，只取对自己有用的那部分说出来，才让谈话的重点更加突出，也更能给人明确的印象。

言辞要有长短的概念，行事更要有长短的分寸。这个分寸，就是我们平日所说的“扬长避短”，如此才能趋利避害，获得成功。所谓“尺有所短，寸有所长”，万物生灵皆有其赖以生存的优势，同时也必定有其相对的劣势存在。最聪明的办法是不要拿鸡蛋去碰石头，而要拿石头去碰鸡蛋。发挥自己的长处攻击对方的短处，才是取胜之道。

孙膑是鬼谷子的徒弟，他深刻懂得长短的道理，“田忌赛马”的故事我们耳熟能详。大将军田忌与人赛马，双方实力相当，于是田忌的好友孙膑为他出了个好主意：三场比赛，以自己的上等马对对方的中等马，以自己的中等马对对方的下等马，以自己的下等马对对方的上等马。两胜一败，稳操胜券。可见，成功的人都懂得长短之道。

以个人来说，如果不了解自己的长处和短处，很容易自误：只盯着自己的长处，不隐藏短处，对手就会制住你的短处，牵制长处，长处也毫无用武之地；只知道自己的短处，不了解自己的优势，就会变得自卑，完全施展不了本领，甚至以为自己一无是处。还有些人专门拿自己的短处和别人的长处比，于是唉声叹气，根本不敢与人竞争……所以，既要了解自己的长短之处，也要了解他人，才能有针对性地施展长处，克敌制胜。

以团体而言，现代企业中有一个“长板和短板”的理论。所谓“长板”就是“优势”，如地域优势、市场优势、技术优势、资金优势、管理优势等，不具备的就算“短板”。每个企业肯定都是“长板”和“短板”的组合，要将“长板”和“短板”互补，发挥“长板”的优势，弥补“短板”的不足，才能在日趋激烈的商业竞争中立于不败之地。

长处会被人忌惮，短处会被人攻击，所以，我们一定要注意隐藏自己的弱点。“藏拙”就是最好的障眼法。对自己不擅长的事，干脆一次不要做，只推辞说“不擅长”，如此一来，别人摸不清底细，不会真的认为你不会，又不好继续勉强。而对自己的长处，也不要总是表露出来，一定要谦虚地表示自己“还差得很远”。不暴露自己，就是对自己最好的保护。

长短之道还可以继续引申，当我们寻找合作者的时候，一定要有“互补思维”，你在一方面已经很强了，不需要找一个和你同样强的，这样很容易因意见不合而陷入意气之争，要找那些可以弥补你弱点的人合作，这样的搭配可以让双方各司其职，很难发生矛盾。就连交朋友、谈恋爱，互补类型的也比相似类型的更容易和谐共处。不论以自己的力量还是借他人的力量，尽量发扬长处，弥补短处，就是成功之道。

辞言有五

原典

故曰辞言[①]有五：曰病、曰恐、曰忧、曰怒、曰喜。病者，感衰气而不神也；恐者，肠绝[②]而无主也；忧者，闭塞而不泄[③]也；怒者，妄动而不治[④]也；喜者，宣[⑤]散而无要也。此五者，精则用之，利则行之。

注释

①辞言：应摒弃的言辞。

②肠绝：形容极度惊恐的样子。

③闭塞而不泄：思路堵塞不通畅。

④不治：语言没有条理。

⑤宣：疏散。

译文

因此游说时应摒弃的言辞有五种：即病辞、恐辞、忧辞、怒辞和喜辞。病辞，就是像有病似的有气无力；恐辞，就是极度恐惧之下毫无主见的言辞；忧辞，就是人因忧愁而思路不通畅的言辞；怒辞，就是人怒火攻心以致毫无条理的言辞；喜辞，就是人得意忘形之后不知所谓的言辞。这五种言辞，只有人精气通畅了才能使用，只有有利才可实行。

解析

在游说中，有五种会引发双方负面情绪的言辞，鬼谷子认为这些话最好一句也别说，一旦说了就会导致对方失落、惶恐、郁闷，从而不愿意继续交流，让游说走进死胡同。想要达到目的，首先要保持对方有平静愉快的心情，而不是让他们不开心，这是与人谈话的基本注意事项，也是对他人的礼貌，我们应该时时注意。

有的时候，即使我们有意“报喜不报忧”，也总要跟对方说一些他们不爱听的话，传达一些会让他们泄气的信息，也就是说，尽管我们竭力避免“辞言”，还是会有说这些话的情况，那么如何才能降低这些话语的影响，让交流继续进行？或者，什么样的方法既可以表达出这些内容，又避免直接说出这样的言辞？

会引起他人气馁的是“病辞”，说这种话的主要目的是想让对方面对现实，告诉对方的设想与实际并不相符，也就是我们常说的“实话最打击人”。这种话最好不要直接说出来，而是通过事实数据的陈列，让对方自己推出结论，避免直接打击，让对方自己消化。最好也能提出解决的办法供对方参考，这样显得礼貌而贴心，让对方在受到打击的同时，接受你的想法。

会引起他人恐惧的“恐辞”，也就是吓唬人的话。有可能是实情，有可能是危言耸听，不论哪一种，都会引发他人的恐惧。但是，人与人个性不同，有人因恐辞失去主见，有人却因此提高斗志，非要试上一试不可。所以，对那些胆小的人，除非必要，否则不要说恐辞，这会导致他们对你印象不良；而对于那些有些冲动的人，适当的恐辞会促使他们尽快下定决心，不失为一种激将的好办法。

会引起他人郁闷的是“忧辞”，这种话语很难避免，因为每个人忧伤郁闷的原因千差万别，也许你只想说一个不错的钢琴曲，却不知这首曲子包含了对方伤心的初恋，好好的话题却让对方心情大为跌落。忧辞不能避免，只能在谈话过程中注意观察，发现对方脸色不对，就马上转换话题，不要继续深入下去，否则，对方可能因为心情不好再也不想说话。

会让人发怒的就是“怒辞”，怒辞也和激将法有关，但是，激将法其实并不是常用计谋，在一个人身上用一两次也就到了极限。因为对方愤怒的时候，你这个说怒辞的人难辞其咎，甚至会成为迁怒的对象。所以，怒辞能不说就不说，要小心本来想引火去烧别人，火却烧到自己身上来。

会引发他人心意疏散的是“喜辞”，喜辞看似没什么大碍，却对合作大大有害。因为谈话的目的常常是确定双方的共同目标，继而一齐努力，如果有什么话说得对方完全松懈，毫无斗志，只沉浸在现有的状况中，根本不想考虑更多的事，那么倒霉受累的就是你本人。

此外，我们注意言辞不代表别人也会注意，有些人说话不经大脑，有些人说话不懂掩饰，还有人有意刁难，偏要说一些让我们沮丧的“辞言”，这个时候我们必须要调整好自己的心态，具体情况具体分析，对那些无心的话，宽容处之；对那些有意的刁难，根据实际需要选择反击或者退让。总之，辞言能够引起人的负面情绪，我们要保证自己的平和心态，控制住自己的情绪，才能不受影响。

与人言之术

原典

故与智者言依于博，与博者言依于辨，与辨者言依于要①，与贵者言依于势②，与富者言依于高③，与贫者言依于利，与贱者言依于谦，与勇者言依以敢④，与愚者言依于锐⑤。此其术也，而人常反之⑥。

注释

①要：要领。

②势：气势。

③高：尊敬，看重。

④敢：果敢。

⑤锐：细微。

⑥此其术也，而人常反之：这是游说的原则，而人们却常常违背它。

译文

因此，与智者交谈，就要借助渊博的学问；与博学的人交谈，就要善于思辨；与善于思辨的人的交谈，就要善于把握关键，简明扼要；与显贵的人交谈，要显得强势；与富有的人交谈，要显得高雅；与穷人交谈，要从实际利益出发；与地位低的人说话，用谦卑的态度就容易为对方接受它；与勇敢的人交谈，要以勇敢决断为话题来进行；与愚笨的人交谈，要从细小的问题来谈。这些都是游说之术的原则，但人们常常违背这些规律。

解析

鬼谷子不止一次地强调，想要游说对方，必须要知道对方的身份、性格、目的，这样才能有的放矢。对什么样的人说什么样的话是游说的原则，但鬼谷子指出，多数人根本不懂这个原则，他们往往不知道与人说话的诀窍，只以自己惯常的语言习惯与人交流，也就是和谁说话都一个样，这就造成了和渊博的人说话显得呆板，和愚笨的人说话显得过于高深，和贫穷的人说话显得冷漠，和勇敢的人说话显得畏缩……其实你并没有变化，只是个普通人，却因为不懂说话之道平添若干毛病，可见，做人不能不学说话。

推销员的工作恐怕最能体现鬼谷子言辞之说的价值，因为推销员想要成功推销自己的产品，靠的就是一张嘴；而购买者能被推销员打动，不仅仅是产品的功效，还有推销员的表现。甚至在某些时候，推销员的表现决定了一切。而推销员需要有足够的观察力，才能知道说什么样的话最恰当，最能打动人心。

比如，对于那些直爽随和的人，推销员只管随意地说："嗨哥们，我们新开发的冰箱很不错，赶紧买台试试吧！"这样直白的话会让对方感到亲切，进而听你讲下去。如果对方是一个严谨认真的人，就不能这么随便地对他，而应该说："我们新开发的冰箱采用的是最先进的技术，已经取得了一级质量认可，相信会很适合您及家人。"如此专业、谦逊的方式，或许就能引来他驻足观赏，并进一步考虑是否该买。如果发现一对夫妻正在吵架，不妨打趣地凑上去说："帅哥美女一定是因为天太热了心情才不好，买台新冰箱换换心情？"开玩笑的劝架口吻，可以让两个人冷静下来，顺便考虑你的提议。

可以说，推销员说话的内容是不变的，但推销员和每个人的说辞都不是一样的，否则他就不是一个出色的推销员。同理，优秀的谈话者必须根据不同的事情、不同的情况采取不同措施，具体问题具体分析，毕竟，即使我们不是推销员，每天也要和形形色色的人打交道，对象有老有小、有男有女，可能是高高在上、不苟言笑的大老板，也可能是善解人意、腼腆可爱的小姑娘，和他们说话，既要注意他们的身份，也要始终记得自己的身份。

在上司面前，我们是下属，下属不论说什么样的话，都要谦恭，这才是下属的本分；与异性说话，要庄重而礼貌，又不失自己的性格特色，这才得体；与客户说话，要知道自己代表公司的形象，言辞不能随随便便；与朋友说话，如果端着架子，只会换来朋友的疏远；对象是什么样的人，就要拿出什么样的身份，否则人们只会认为你没眼色，没智商。

在知己知彼的基础上，还要在谈话中多多加入自己的观察成果。与老板说话固然需要谦恭，但有些老板就喜欢和员工打成一片，偶尔说几句不见外的家常话，更能得老板欢心；异性之间说话固然要有分寸，但有些人大大咧咧，不太注意“男女之防”，这时候你说话“没忌口”，不但不会让对方反感，还会觉得你爽快；有些客户最多疑，这时候不妨以专家姿态，越发言之凿凿，完全不似一个需要讨好顾客的推销员，这反而能够打消客户的顾虑；有些朋友觉得百无禁忌才是亲近，这时候不妨与对方“互损”……什么事都有规律，但规律不是做事的规定，只有灵活应变的人，才能把规律当成武器，而不是缚手缚脚的死规矩。

听贵聪，智贵明，辞贵奇

原典

是故与智者言，将此以明之[①]；与不智者言，将此以教之，而甚难为[②]也。故言多类，事多变。故终日言，不失其类[③]而事不乱。终日不变而不失其主，故智贵不妄[④]。听贵聪[⑤]，智贵明，辞贵奇[⑥]。

注释

①明之：使之明白。

②难为：难以办到。

③不失其类：根据实际情况，选择不同种类的言辞去说。

④故智贵不妄：所以游说者的智慧在于遵循规律而不妄动。

⑤聪：听懂。

⑥奇：出其不意。

译文

因此，和智者讲这些道理，他很容易明白；跟愚者讲这些道理，即使将这些教给他，他也很难办得到。言辞有多种类型，事物容易变化。只有根据实际情况选择不同种类的语言，即使整天都在说话，那么事情也不会混乱。尽管谈话内容每天都在改变，但不会丧失主旨。所以，智者的可贵在于不妄动。听话贵在能够听懂，智慧贵在能明晰事理，语言贵在出奇制胜。

解析

鬼谷子认为，游说是听、思、言的统一。

这不难理解。当我们根据实际情况选择恰当的语言时，我们的语言千变万化，如果情况多变，我们的变化就会更多。如果不能在这个过程中保持清醒的头脑，那么我们很容易在多变的情况和繁杂的语言中忘记自己要说什么、要做什么，甚至会被对方“带着走”；而对情况和说话对象的观察，则主要通过我们的眼睛，把对方的言行举止尽收眼底，进一步用头脑分析；想要分析得更彻底，又要进一步使用语言试探。游说是个逐层递进的过程，听、说、看都不可少，一颗头脑更要及时运转。

听就要听得清楚明白。听人说话切忌走神，听一半漏一半，还不如不听。把对方的每一个字都听到耳朵里，既能让对方看到你的专心，感觉自己被尊重，又能不错过对方话中细微的关键点。要知道那些说话字斟句酌的人只有在不经意的时候才吐露一两句“真话”，如果这个时候你在溜号，再想听到同样的信息，不知道要等多久。

每个人说话的状况都不同，有些人头脑清楚，口齿清晰，条理分明，和这样的人说话很容易；但也有人说话含糊不清，逻辑混乱，语句不通，想从他们混乱无序的话语中提取信息点不是件容易的事，这个时候一不能着急，你着急对方更急，只会说得更乱；二要更加仔细地听，并开口询问，帮对方捋顺思路，并反复确认，这才能达到沟通的效果。

头脑需要始终清楚。在与人说话的时候，思维处在一个活跃的状态，也许被对方的一个话题吸引住，一下子想了很远；也许被对方的一个提议吊住胃口，有意改变初衷考虑对方的建议；也许被突发的事件打乱思路，忙于解决变故……我们很难完全控制住自己的思维，所以，在谈话前必须反复告诫自己不要偏离主题。

要明白自己的立场和目的，不论对方说什么，都不能忘记自己要做的是什么，哪怕对方的提议再有诱惑力，也不能立刻更改自己的决定。因为忙中就会出错，如果不确定自己有强大的判断力，慎重起见，不要当场做出改变。而且要了解，对方说话也想要取得主动，每句话都可能有目的，如果不能及时判断，就不能及时应对，所以，全神贯注很重要。

在具体的谈话或谈判过程中，需要说几句出其不意的话，来奠定自己的主动局面，也就是鬼谷子说的“辞贵奇”。“奇”字有很多解释，可以说对方从未听过的理论，让对方觉得新奇，想要一探究竟；可以说对方没想到的情况，让对方大吃一惊，继而听你的建议；可以把自己调查到关于对方的情况说出来，将对方一军，让对方不再咄咄逼人。

想要出其不意也不是一件容易的事，必须了解对方的底细，特别是了解对方的弱点。当你说出对方的想法，对方的担忧，这些都是他没有表露过的东西，他自然会产生惊讶和惊恐。这个时候还要尽量表明自己是他的同盟者，一定会竭尽所能地帮助他，才能使对方在被窥破的震惊中尽快平静，并考虑你的建议。

还有一种情况，就是对方突然说出了你的想法和担忧，或者刚好面对新情况、新问题，你搞不清楚其中的门道，这些都是不利的局面，但不要惊慌，一旦表现出失措，就会被对方趁机压制。面对那些突来的情况，不能只凭借已有的知识、经验作出草率的判断，那也会给人潦草的印象。这个时候最好闭上嘴，赶快开动头脑思考，才能尽快扭转局面。

谋篇第十

谋有道，必得其所因，以求其情

原典

凡谋[①]有道，必得其所因[②]，以求其情。审得其情，乃立三仪[③]。三仪者：曰上，曰中，曰下，参[④]以立焉，以生奇。奇不知其所雍[⑤]，始于古之所从。故郑人之取玉也，载司南[⑥]之车，为其不惑也。夫度材量能揣情者，亦事之司南也。

注释

①谋：谋划。

②因：原因、原委。

③仪：法度、原则。

④参：参验，比照。

⑤雍：通“壅”，壅塞。

⑥司南：中国古代辨别方向用的一种仪器。

译文

凡谋划事情，必然会有一定的规律，必须了解对方做事情的原因，从而推测出事情的实情。探察出实情后，便设计出区分上、中、下三类谋略的标准，然后再将这三类谋略反复参验、对比，绝妙的计策就产生了。绝妙的计策产生后便可以无往而不胜。绝妙的计策不是现在的人所拥有的，而是来源于古人长期的实践。所以，郑国人进山采玉，肯定会在车上放上司南，就是为了防止迷路。同理，揣测别人的才能，权衡别人的能力等做法就是做事的指南针。

解析

《谋》篇是《权》篇的姐妹篇，讲的是谋略。捭阖之道就是谋略，谋略可大可小，大到治国之际，小到安家之策，只要有问题出现，就要有相应的谋略。如果解决问题没有谋略，只知道凭感觉做事，十有八九不会有好结果。而那些懂得谋划的人，即使有重大困难，他们也可以举重若轻地化解。

出谋划策的人首先要有学识与头脑，以及出色的观察力。谋略或者是为了某个目的，或者是为了解决某个具体问题，而目的和问题又常常彼此夹杂，解决问题既是为了目的服务，也是为了更大的目的奠定局面。谋略不会写在四书五经上，也不是脑子里的胡思乱想，它们必须有根据、有计划、有步骤，还要有施展的条件，才能完成。

谋略的根据就是事实，事实也是唯一的依据。解决一个问题，必须深入思考问题为什么会产生，如今发展到了什么地步，继续发展会造成什么样的结果，现在已经产生了什么影响，与问题相关的有哪些人，想要解决问题的关键点在哪里……一切思考都需要环绕着问题本身，然后以点带面，解决问题的谋略也会渐渐成型。

一个问题不是只有一个解决办法，就如做一道菜并非要遵循某个步骤，没必要完全按照他人的经验或自己的经验，有时候尝试新的方法会有意想不到的惊喜。治大国若烹小鲜，谋略也是如此。为了安全，可以遵循以往的经验，但想要出奇制胜，就要注重创新。把能够想到的方法全想到，不管是老派保守的，还是冒险激进的，或者看上去不切实际的，都要一一思考。

思考是为了比较。鬼谷子说要把谋略分为上中下三等，一是说谋略本身有好有坏，必须看到哪个谋略最适合当时的情况，是完全之计，哪个谋略本身有缺陷，能不用就不用；二是为了留后手，计划不如变化快，形势很难完全符合人们的意愿，多几个方法备用，一计不成再用一计，好过把所有希望都押在唯一的计划上，无法应变。

定下上中下三类谋略，还不是谋略的真义。三类计谋只如同赛马中把自己的马根据素质分为上中下三等，这只是一般人的思考过程，谋略家却能够如孙膑一样想到“用自己的上等马对对方的中等马”这一类的妙招，也就是鬼谷子所说的“奇计”，这一类计策普通人不会去想，所以一旦应用，几乎战无不胜。

“奇计”产生于一般思维的加深，我们每个人都有自己的思维方法，运用惯常的思维只能得出惯常的结论，但如果反复地比较，反复地深入，反复地结合历史经验，思考的深度和广度都会加大，这时候就会产生新的想法。特别是当我们换位思考或运用逆向思维时，就会发现局面变得完全不一样。这种思考方式需要长期的锻炼，也需要丰富的社会经验。

不论想到的谋略是平实的还是绝妙的，都要牢记目的，也要牢记谋略的基本：实事求是。再好的计谋如果不具备事实条件，就根本无法实施，继续想也是浪费时间。实施情况与客观规律是一切谋略的大方向，就像行路之人必须备有指南针，一旦不按照它指示的方向走，任你再有能力，也不过是在南辕北辙，白白浪费力气。

相益则亲，相损则疏

原典

故同情[①]而相亲者，其俱成者也；同欲而相疏者，其偏害[②]者也。同恶而相亲者，其俱害[③]者也；同恶而相疏者，偏害者也。故相益则亲，相损则疏。其数[④]行也，此所以察异同之分也。故墙坏于其隙，木毁于其节[⑤]，斯盖[⑥]其分也。故变生事，事生谋，谋生计，计生议，议生说，说生进，进生退，退生制。因以制于事，故百事一道而百度一数也。

注释

①同情：内心志同道合。

②偏害：有一方受害。

③俱害：双方都受害。

④数：术。

⑤节：树木枝干交接的部位。

⑥盖：全、都。

译文

凡是志同道合而互相亲近的人，则双方都能获得成功；欲望相同而双方相互疏远的人，必然有一方会受到伤害。有共同憎恶的人互相亲近，必然会使双方都受到损害；有共同憎恶的人互相疏远，就只有一方会受到伤害。因此，对双方都有利的事情就相互亲近，对双方都有害处就彼此疏远。一个计谋如果要运用，必须要看到双方是同或是不同的区分。因此说，围墙容易从裂隙处开始坍塌，树木容易从节疤处折断，缝隙和节疤就是它们的分界之处。因此，发展变化才能产生新事物。有事物，就需要谋略；有谋略，就要仔细计划；有计划，就需要商议；商议时就产生了游说之术；游说的目的是为了将事情向前推进；有前进，就有退却；有退却，就要有退却的制度和规范。因而要运用各种制度来处理事物。可见，各种各样的事物都是同一道理，各种各样的制度都是同一标准。

解析

谋略的对象既是具体的问题也是具体的人，谋略的实施离不开人，如果谋略不考虑人的因素，那么它一定是无根之木，一纸空谈，根本没有实现的价值。谋略需要根据事物的改变不断改变，就像在崩坏的土墙上寻找修补方法，在树木缝隙处考虑修剪还是嫁接，所有谋略都要随着客观情况制定，然后寻找合作者进行游说，保证计划的落实。所以，谋略的下一步必然要涉及人与人的关系。

生活中，人与人的亲疏远近有各自的原因，但在谋略中，任何感情因素都应该退居到第二位，决定关系的标准只有一个：是否符合自己的利益，是否能达到自己的目的。也就是鬼谷子所说的“相益则亲，相损则疏”。这要求我们在制定谋略的时候，必须以最客观的心态，不能掺杂过多的个人感情因素。

情感因素是谋略的大敌，特别是在具体的利益面前，我们也许需要去结交那些平日看不顺眼的人，也可能要去迎合那些平日当做笑话的主张，如果我们由着自己的性子不去做，那么吃亏的只能是自己。如果只是心不甘情不愿地去做，对方也会发觉到其中的不对劲，产生想法，强扭的瓜结果不会甜。所以，必须把具体谋略和个人情感分得清清楚楚，在合作中，合作对象就是自己需要信任、协助和支持的人，不论这个人与自己私交如何，只需公事公办，不能把自己的情绪带进重要的工作之中，影响计划的进程。

拿一个公司来说，有些领导喜欢任人唯亲，他们觉得只有任用“自己人”，才知根知底，能够放下心。但“自己人”却可能靠着这份信任中饱私囊，也可能靠着这份喜爱作威作福，还可能产生惰性，觉得反正都有工资拿，偷懒一点也没什么。正因如此，从古代就有智者提出“任人唯贤”，想要做大事，还是不要打自家小算盘，把眼光和胆子放大。

还有些领导要面子，经不住别人的恳求，就让自己的亲朋来公司工作，而这些人有可能根本没有相应的能力，想要辞退又更抹不开面子；或者领导碍于情面答应了下属的要求，却越想越不是滋味，上下级之间因此疏远。与其因为情感因素产生隔阂，不如在公事上丁是丁卯是卯，上级严格把关，下级量力执行，才能保证公司的顺利运作。

还有一些人在工作的时候公私不分，总觉得与自己的上级或下级交情好，凡事不必太计较，殊不知在利益面前人人都会斤斤计较。就连在家庭之中，面对和利益有关的大事，也要尽量“亲兄弟明算账”，任何含混不清的决定，都可能成为双方相互攻击的把柄，还不如一开始就把事情摊开来说清楚，把账目算明白，虽然一时之间有些伤感情，但长远来看，正因为分得明白，大家少了埋怨的理由，反倒能更加轻松地相处。

如果你恰好是个感性的人，根本无法做到客观冷静，那么不妨利用自己的感性特点，告诉自己合作的时候大家就是一家人，要不分彼此为共同的目标出力，而那些会妨碍计划的就是暂时的敌人，不能相信也不能亲近。这样想在情感上就更能接受平日相处不和睦的人。利益关系不断变化，人和人的关系也会不断变化，只要保持竞争的风度，昔日的敌人完全能成为朋友，而因为利益的转移，昔日的战友可能成为对手，这时候就要拿出竞争心态。记住，能根据局势变化，最快转换角色和心态的人，就最有可能抢先一步，拿到主动权。

因事而裁之，此其道术行也

原典

夫仁人轻货[1]，不可诱以利，可使出费；勇士轻难，不可惧以患，可使据危[2]；智者达于数，明于理，不可欺以不诚，可示以道理，可使立功，是三才[3]也。故愚者易蔽[4]也，不肖者易惧也，贪者易诱也，是因事而裁之[5]。故为强者，积[6]于弱也；为直者，积于曲也；有余者，积于不足也。此其道术行也。

注释

①仁人轻货：有德行的人不贪图财物。

②据危：扼守险要的地方。

③三才：三种类型的人才，这里指仁人、勇士、智者。

④蔽：蒙蔽。

⑤因事而裁之：根据客观情况做具体的处理。

⑥积：积累。

译文

有德行的人不贪图财物，所以不能够用物质利益来诱惑他，但却可以想办法让他献出自己的钱财；勇士不看重危险，不能够用恐吓使其畏惧，但却可以让他危险的地方解决危难；有智慧的人通晓事理，不能够用欺骗的方法来蒙蔽他，但可以跟他晓之以理，使其成就功业，这是三种不同类型的人才。故此，愚笨者就去蒙蔽他，不肖者就去恐吓他，贪婪者就去诱惑他，这是因人而异所采取的策略。强大是由弱小一点点逐步积累起来的，平直的东西是用弯曲的东西一点点削平的，节余也是从不足一点点积累起来的。这就是计谋权术的运用方法。

解析

想要谋略能够顺利实行，必须依靠人才。就像一位音乐大师把伟大的作品交给指挥家，指挥家本身的本领也需要过硬，不然，再好的作品也会在不入流的指挥家和蹩脚的演奏家手里，让人听得昏昏欲睡，根本体味不出大师的美妙之处。所以，寻找人才，也是谋略的一部分。鬼谷子提出的“因事而裁”，正阐述了一个中国人历代重视的用人思想——“量才而用”。

人才需要发现。孔子曾说过：“朽木不可雕也，粪土之墙不可圬也。”朽木当然不可雕刻，垃圾砌成的墙无法粉刷。但在有一双慧眼的智者看来，朽木不可雕刻，却可以把它当柴烧；垃圾不可以砌墙，却可以用它去肥田。物尽其用，便会各得其所。每个人都有自己的用处，发现他的用处才是用人的关键。

人才需要培养。有时候，我们发现某个人有才，并不是说他已经取得了成绩，而是看到了才能的萌芽，这个时候就要适时去培养。家长对孩子也好，老师对学生也好，企业领导对员工也好，都要像园丁一样为他们设计目标，让他们学习更多的东西，以取得施展才华的机会。特别是现代企业，现成的人才固然是重要的，自己培养出的人才更是可贵。

看人的眼光要全面。我国古代有一个《西邻教子》的故事，说的是：“西邻有五子，一子朴，一子敏，一子盲，一子偻，一子跛。乃使朴者农，敏者贾，盲者卜，偻者绩，跛者纺。五子皆不患衣食。”这说明每个人都有各自的特点，每个人都有适合他们做的事，世界上没有天生的废物。如果西邻只看到五个儿子的缺点，认为笨的人不能经商，聪明的不能种田，或者让盲的学着纺织，让跛的去耕地，显然就违背了他们各自的天性。看一个人必须看到长处和短处，而用一个人则要用他们的长处，并巩固他们的长处。

人才需要放在合适的地方。人的天分不同，能力不同，把同一个人放在A位置，他可能是个拖后腿的，一旦放在B位置，他就成了顶梁柱。要善于分析他人的长处和短处，把每个人放在最合适的地方。还要注意人才的组合，取长补短，让他们成为互相扶持的好搭档。正如俗语说的：用人所长，天下无不用之人；用人所短，天下无可用之人。

对待人才需要有度量。有才的人大多免不了恃才傲物，这是他们的缺点，也是他们的特点，这就需要他人的宽容与体谅。昔日刘邦招兵买马，萧何推荐韩信。当刘邦问韩信能领多少兵时，韩信狂傲地回答道："汝能将十万，臣多多而益善耳。"刘邦面对这样"看不起"自己的韩信，没有生气，更没有轰走他，而是委以重任。后来，韩信为汉朝的建立立下了汗马功劳，助刘邦成就霸业。可见想要执行大谋略的人，必须有大心胸，否则怎么去容纳形形色色的人物，让他们贡献自己的力量？

发现人才之后，就要根据鬼谷子的方法，根据人才的个性，或激励或奖赏，让人才愿意为你的计划服务。这个时候也要注意双方的关系，如果是上下级，要注意立威；如果是单纯的合作者，要客气周到；如果是朋友，要反复强调感情……根据不同的人使用不同的方法，因材制宜，谋略才能一步步得以实施，实力也会从弱小逐渐变得强大。

外亲而内疏者，说内

原典

故外亲而内疏者，说内；内亲而外疏者，说外。故因其疑[①]以变之，因其见[②]以然[③]之，因其说以要[④]之，因其势以成之，因其恶以权[⑤]之，因其患以斥之。摩而恐之，高而动之，微而正之，符而应之，拥[⑥]而塞之，乱而惑之，是谓计谋。

注释

①疑：疑惑。

②见：通“现”，表现。

③然：同意、附和。

④要：应和。

⑤权：谋划。

⑥拥：通“壅”，封闭。

译文

因此，对待外表看起来亲近而内心实则疏远的人，就要想办法通过游说改变他内心的思想；对待内心亲密而外表看起来疏远的人，就要从改变外部关系着手进行游说。假如对方有疑虑，就要顺着他的疑虑而改变策略并使疑虑消除。游说时，先对对方显而易见的观点进行肯定，然后以对方的说法为要点来应和他；对方已经形成有利的态势了，要顺着他的形势来成全他；帮助他出谋划策，以打击他厌恶的事物，并设法帮助他排除祸患。揣摩他恐惧的事情，将他抬高到晃动不安的状态；这时再来微妙地纠正他，想办法使符兆得到验证，使其信任自己；堵塞、蒙蔽对方，使其混乱迷惑，然后为我所用。这些都称为计谋。

解析

谋略想要顺利达成，需要游说。游说的对象包括合作者，包括利益相关人员，包括对手，根据目的的不同，需要施展灵活的游说手腕，不论对象的身份如何，因为涉及利益，他们一定会产生戒心。因为明白你有所企图，他们也会对你的言辞仔细思考，对你的目的反复研究，这就给游说带来了难度。想要计划顺利，就要消除他人的戒心。

人类生来就有自我保护意识，面对陌生人会显得戒备，面对不熟的人会有所保留，面对有利益冲突的人会严加提防，这是人之常情，如果我们忽视了对方的戒心，在对方还没有接受的情况下，一个劲地坚持自己的主张和观点，那只会让对方加强防范、顽固对抗，甚至造成无可挽回的局面，断送今后的所有合作。所以，想要双方愉快地达成共识，务必要消除对方的戒心，也就是在谈利益谈合作之前，先要和对方“套关系”。

与人建立关系，首先要表明己方的诚意。有些人喜欢直奔主题，那不妨直接说出你的目的和你的优势，让对方省略客套寒暄的时间，直接考虑，也让对方确定了你是个干脆的人；有些人喜欢谈感情，就要首先和他成为谈得来的朋友，让他知道即使没有这次合作，你也希望与他继续来往；若对方为人父母，不妨和他多谈一些小孩教育的话题；若对方年老体衰，则要适当谈谈健康保健之类，让对方感到你的关切之情……察觉到对方的需要，本身就是一种诚意。

想要解除戒心，还要认识对方，包括他的为人、性格、经历、爱好，了解了这些情况，才知道该与对方聊什么，顺利打开话题。需要注意的是，你要尽量深入地调查对方，取得对方的资料，但在实际接触中，万万不可让对方察觉这一点。最好的办法是让对方知道你对他有一些了解，但知道得并不多，这样才能让对方觉得安全。

有技巧地称赞对方，能够快速缩短距离。肯定对方的想法，多给对方一些赞美，满足他的自豪感、成就感、荣誉感，让他知道你的确看重他的为人和能力，这种被欣赏的感觉能让对方放松下来，并认为跟你合作是一件愉快的事，这就成功打入了他人的内心，得到了对方的接纳。称赞对方不可夸大其词，不可表现得太过热切，要把夸奖之词当做事实来陈述，对方才不会以为是有意为之，才会相信。

让对方对自己产生好感，也是解除对方戒心的好办法，因为人对自己喜爱或尊敬的人，总是更愿意多说话，并建立亲密关系。尽量施展个人魅力吸引对方，让对方看到你的优点或优势，产生进一步沟通的欲望，这个过程本身就是对方放开戒备，与你建立关系的过程。

想要消除对方的戒心，还要注意适当解除自己的“武装”，如果自己密不透风，想要得到对方的认同，是一大困难。适当地表现出自己的弱点、目的、爱好等，一来引起对方的兴趣，二来降低自己的“威胁性”，三来让对方觉得大家都是普通人，有亲切感。任何沟通都不是能单方面设计的，需要双方的共同努力，想要达到什么目的，自己先要做出相应的努力，任何事情能成功，都是有投入，才能有结果。

人之有恶也，避而讳之

原典

计谋之用，公不如私[①]，私不如结[②]，结而无隙者也。正不如奇[③]，奇流而不止[④]者也。故说人主者，必与之言奇；说人臣者，必与之言私[⑤]。其身内[⑥]其言外者疏，其身外其言深者危。无以人之所不欲而强[⑦]之于人，无以人之所不知而教之于人。人之有好也，学而顺之；人之有恶也，避而讳之。故阴道而阳取[⑧]之也。

注释

①私：私下密谋。

②结：结成同盟。

③奇：出人意料。

④奇流而不止：奇计的使用效果就像流水一样，令人防不胜防。

⑤言私：讨论切身利益。

⑥内：亲近。

⑦强：强加、强迫。

⑧阴道而阳取：在私底下使用的这些策略，在明面上得到回报。

译文

在商讨计谋时，公开谋划不如少数人私底下密谋，私下密谋不如结成坚固的盟党，因为坚固的盟党能够亲密无间。常规的计谋不如出奇制胜，出奇制胜的效果就像流水一样，令人防不胜防。因此，游说国君，必须向他展示奇谋；游说权臣，必须向他痛陈个人的利害关系。身处某一圈子内，对方已经不把你当外人，但你所说集中在圈子之外的事，那么你就会因失去信任而被疏远，你身处圈子之外，但擅自说人家圈子之内的事，那么你就会招致危险。不要把对方不愿意的事情强加给他，也不要把对方不懂的事情强行教给他。别人的爱好，要学习并顺从，别人厌恶的事情，就要避讳。这样，在暗中使用的这些策略，就能有光明正大的回报。

解析

谋略从布局到实施，不是一朝一夕可以完成的，想要看到结果，更需要双方、甚至多方的共同努力。所以，不论是计划中还是实施中，保密很重要，巩固同盟关系也是重中之重。如果合作对象出现异心，或者懈怠，或者和主事人有了分歧，都会影响整盘计划，甚至导致最终的失败。所以，在合作过程中，必须要与合作对象保持友好关系。

投其所好固然是好办法，志同道合的人不必多说，就能协同一致。但两个人志向品性刚好相投是一件概率很小的事，朋友之间尚且很难遇到知己，何况是出于利益的合作者。如果不能保证双方感情好，那至少要保证双方的关系不会恶化，只要有互相尊重的基础，又有互相得利的条件，感情也能够在长期相处中慢慢建立。

什么样的事情会使双方关系恶化？什么样的行为会使自己被对方反感？那就是做了对方忌讳的事，说了对方忌讳的话。在人际交往中，想要和一个人友好相处，就必须了解他的忌讳。这个忌讳并不仅仅是“他喜欢喝茶不喜欢咖啡，不要带他去咖啡馆”，这一类日常小事即使出现差错，对方也不会计较。真正的忌讳是深入人性的，埋藏在对方的性格之中。

三国时代有个叫杨修的谋士，这个人有才能有头脑，辅佐着曹操最喜欢的儿子曹植。如果一切顺利，杨修本应辅佐曹植进一步取得曹操欢心，登上太子之位，但杨修偏偏是个不知忌讳的人。曹操多疑，又不喜欢手下太过显摆自己的聪明，杨修偏偏屡次在曹操面前显示自己“料事如神”，能猜到曹操的心理，一来二去，曹操对杨修愈发厌恶，连带曹植的地位也受到了影响。最后，杨修被曹操斩首，这就是“聪明反被聪明误”，犯了他人忌讳的下场。

现实生活中，我们即使触犯了他人的禁区，也不会有杨修的遭遇，可能正是因为如此，很多人更加不懂忌讳。的确，无意冒犯他人，他人基于礼貌不好发火，基于利益判断不便划清界限，但心中埋下的反感的种子，却不会被挖出，在某些诱因下便会发芽，造成对你的偏见和恶意。这种不易察觉的敌意最为棘手，很可能会影响你的前途。

还有人大大咧咧，认为自己是无心说了别人不爱听的话，反倒认为别人太小气，太看不开。这种完全不在乎他人心理感受的人，更让人不愿意亲近。任何时候都不要把“不懂”“不知道”当借口，更不要在冒犯别人的时候说“没什么”“小事”，自作主张地原谅自己，这是完全不尊重他人的行为，也无法取得他人的尊重。

还有些人觉得故意说些忌讳的事，是显示自己的关心和二人的亲密感情，殊不知这种自来熟最让人反感。忌讳本身就是个人隐私，是只适合自己、或与最亲密的人才能分享的情绪，如果大大咧咧地说出来，那就是侵犯了他人的隐私。人人都在乎自己的隐私，都不希望自己的心情被戳穿，所以对那些假装亲热说自己忌讳的人，都不会有好脸色。

要知道他人的避讳，但不要询问当事人为什么；要避免谈及他人的避讳，即使当事人谈话有涉及，也不应该主动深入；要绕过他人的雷区，不要试图开解，因为你们的关系还不到那一步，而且对方同样是有思考能力的人，见识未必比你少……我们未必能和每个人成为朋友，但懂得避讳之道，就能保证我们不会结下太多的仇家。一切事都要在保险的基础上发展，人与人的交往也是如此。所以，人之有恶，避而讳之。

去之者纵之，纵之者乘之

原典

故去之者纵[①]之，纵之者乘之。貌者[②]，不美又不恶[③]，故至情托焉。可知者，可用也；不可知者，谋者所不用也。故曰事贵制人，而不贵见制于人。制人者，握权也；见制于人者，制命[④]也。故圣人之道阴，愚人之道阳。智者事易，而不智者事难。以此观之，亡不可以为存，而危不可以为安[⑤]，然而无为[⑥]而贵智矣。

注释

①纵：纵容。

②貌者：外在表现。

③不美又不恶：既不表现出喜欢，又不表现出厌恶。

④制命：被人控制命运。

⑤亡不可以为存，而危不可以为安：消亡的不会再重新存在，危险也不会轻易变成安全。

⑥无为：顺应规律。

译文

因此，想要将对方除去，就必须先怂恿、纵容他，然后再趁机除掉他。在表面上，既不表现的喜欢，也不表现的厌恶，就说明可以寄托实情于他。对于真正了解的人，才能够重用他；对于不了解的人，有智谋的人是不会重用他的。故此，做事情贵在你能够控制别人，而不能被别人所控制。控制别人的人，自己就握住了权柄；被别人控制的人，命运也就被别人掌控了。圣人做事的方法是隐蔽的，而愚蠢的人做事的方法是公开的。所以，聪明的人做事情就很容易，而愚蠢的人做事情就很困难。由此可见，消亡的事物不能再重生，已经发生的危险不能再转危为安，顺其自然就是最高的智慧了。

解析

谋略专为解决各种问题而设，而从古至今，一个计划所面临的问题无外乎两个方面：己方的问题和敌方的问题。己方需要联盟，需要巩固合作关系，需要制订计划，需要通力合作；敌方那边，则需要侦察敌情，衡量实力，相互争锋，最后得到结果。而在过程中，己方的人有可能变为敌方，敌方的人也有可能变为己方，虚虚实实假假真真，需要随时留意观察，随时改变计策，方可得到满意的结果。

对待想要拉拢的合作者，需要在知己知彼的基础上游说，取长补短，互相帮助。而对于竞争对手，显然不能手软。手软就意味着放弃己方的利益，而人们之所以奋斗，就是为了利益，连利益都放弃了，合作还有什么意义？所以，对待对手，也需要有韬略，有步骤。鬼谷子提出的办法是“纵之、乘之”。就是想要除掉对手，不要正面进攻，而要采取放纵的方法。

在战场上，最能体现这种思想的厉害之处。“去之者纵之，纵之者乘之”，是一种缓攻计。“纵”不是放虎归山，而是实现“擒”的手段，是通过有目的地放松一步、网开一面，来防敌人狗急跳墙，做垂死挣扎式的反扑。如果给敌人一线生路，他就会在抱侥幸逃脱、不战而求生的思想下，松懈斗志、失去决一死战的决心，这时候，就有可能巧妙地将对方的优势渐变为劣势，造成有利于我的战机了。

而在现代社会，商场如战场，也可以参考这种思维方式。特别是在经营活动中，一味地多投入、急切地“进攻”市场，不一定能带来高收益，还有可能因得罪竞争对手，而失去市场；一味地拉近与顾客之间的距离，不一定能使关系融洽，反而容易使顾客产生反感情绪。相反，如果能放慢“进攻”的节奏，采取一些必要的“放纵”措施，使竞争对手因暂时得利而放松戒备，或让顾客放弃其本能的对立情绪，耐心等待，更易于占有市场、促销商品。

在做人上，这种智慧同样能给我们带来意想不到的好处。历史上有一段很有名的对话，寒山问拾得：“世间谤我、欺我、辱我、笑我、轻我、贱我、恶我、骗我、如何处治乎?”拾得回答：“忍他、让他、由他、避他、耐他、敬他、不要理他、再待几年你且看他。”拾得倡导的忍、让、由、避、耐、敬，与鬼谷子所说的“纵”其实是同个道理，都是不与他人正面交锋，任由他人越来越骄纵，这种性格会给他带来无数的麻烦，影响事业的发展，再过几年，你按部就班地达到了自己的位置，他却还在原地踏步，甚至后退。

不论是拉拢还是放纵，都要保证两个人的关系在自己能控制的范围内，即你的确能摸得准对方的性格。否则拉来的是个到处给自己找麻烦的合作者，纵的是放虎归山留后患的对手，谋略不用施行就能预见到失败。所以，任何时候都要保持主动权，至少不要被他人控制，不然形势就会向不利于自己的方向发展。特别是想要放纵敌人的时候，一定要周密思考，不然，他不但不会自我毁灭，还会有喘息机会，你就要面对一个更加强大的敌人。

智用于众人之所不能知，而能用于众人之所不能见

原典

智用于众人之所不能知，而能用于众人之所不能见。既用，见可①，否择事而为之，所以自为也。见不可，择事而为之，所以为人也。故先王之道阴。言有之曰："天地之化②，在高与深，圣人之制道，在隐与匿。"非独忠信仁义也，中正③而已矣。道理达于此之义，则可与语④。由能得此，则可与谷⑤远近之义。

注释

①见可：见其可行。

②天地之化：天地的运行规律。

③中正：不偏不倚。

④可与语：可以与其对话。

⑤谷：通"榖"，即悦近来远，让天下归服。

译文

智计要用于不知不觉中，让众人无法察知、无法看得到。运用智计，可以隐秘进行，才能也要用在众人看不见的地方。智计和才能的使用贵在隐秘，如果在使用过程中，智计、才能不能够做到隐秘，那么就不要选择应该公开做的事来实施，这是为了实现自己的目的。如果在使用过程中，智计、才能不能够做到隐

秘，那么索性公开自己的谋略主张，用之来做事，向对方显示自己这么做，目的是为了对方。因此，先王运用智计是隐蔽的。曾有名言说："天地的运行规律，在于高远深奥，圣人制定智计，在于隐匿不漏。"运用智计、才能虽然讲求隐秘，但是不能失去忠信、仁义和中正的法则。能够懂得这些道理的人，才可以和他商讨计策。能够懂得这些道理的人，才能够让远近的民众臣服。

解析

鬼谷子不止一次地强调"阴"的重要，强调"圣人之制道，在隐与匿"，究其实质，这既是为了保证谋略的顺利实施，也是为了保护自己。在不为人知的情况下留住自己的阵地，保存自己的能量，才能真正确保自己在将来的拼搏中厚积薄发，占取一席之地。而把自己所有的力量、计策全都摆在明面上，则是一种不明智的行为，我们必须学会隐藏。

智者应该学着保留。有个故事说老虎拜猫为老师，学习跳跃、捕捉、攻击等技术，发现自己学成了，就张大嘴要吃掉猫，猫轻轻一跃跳上树，老虎怒道："你为什么没教我爬树？"猫说："我如果连爬树都教给你，现在已经在你的肚子里了！"可见，保留就是后路，我们永远不能保证自己面对的是正人君子，还是忘恩负义的老虎，只有藏好自己的底牌，才能做到全身而退，这就是隐藏带来的好处。

示弱也是对实力的一种隐藏。大多数人把不甘示弱看成是一个人意志坚强、不怕挫折的表现，谁也不想让别人"小看"，争所谓的"一口气"，因为一时的冲动结下了仇家，或失去了机会，这同样是暴露自己的弱点，他们得到的仅仅只是一时的爽快（也许连一时的爽快都没得到），失去的东西却无法估量，还不如忍一时之气，养百年之身。

示弱于人是一种人生的大智慧，是真诚地展示自己的弱点，让人知道你的坦诚；是在适当的时候忍让、能在非原则的问题上宽容；是在一些小利益面前不抢先、不显能……总之，是示弱不是妥协，而是一种理智的忍让，适时退让，减少矛盾，不但能结交到朋友，还可以麻痹对手，让对手得到错误的情报。

装傻充愣也是对实力的掩藏。“大智若愚”这个成语形容这样一类人：平日，他们看上去不起眼，对什么事情也不发表所谓的“高见”，谁指使他们，他们也不抱怨；有人得罪了他们，他们也不计较；有人说他们傻，他们呵呵一笑。非要等到有大事出现的时候，他们才显示自己的能力，一举将事情搞定，让人们惊呼“真人不露相”。这样的人平时生活得轻松，关键时刻可靠，有智者的胸襟、能者的风度。

隐藏也需要注意分寸，不可故意将自己弄得高深莫测，这会造成两个不良的结果：要么吸引了别人的好奇心，让他们更想一探你的究竟，整天观察你的一举一动，让你更没办法“阴”；要么使他人过分高估你的能力，把你想得神乎其神，一旦发现你的能力不如他们想得那么高深，就把你当作骗子。所以，隐藏也不要太过，只需要说话多留几分，行事多隐几分，而不是故意装成傻子，总是顾左右而言他，这样做反而弄巧成拙。

谋略是我们“藏”的重点，从目的到手段到具体的过程，能不说就不说，必须说就少说，任何泄露都可能带来不可知的危险。所谓“天机不可泄露”，要知道世界上绝大多数的竞争都不是跑道上的田径赛，就算是赛跑，选手和教练也知道将训练的强度、方法、重点对外界保密。隐藏才是生存之道，除了结果，其余的事情不需要特别的明示。当我们抓得住规律，拢得住伙伴，制得住对手，又懂得掩人耳目，我们就学成了谋略之术。

决篇第十一

决物，善其用福，恶其有患

原典

凡决[1]物，必托于疑者，善其用[2]福，恶其有患。善至于诱也，终无惑偏[3]。有利焉，去其利则不受[4]也，奇之所托。若有利于善者，隐托于恶[5]，则不受矣，致疏远。故其有使失利者，有使离[6]害者，此事之失[7]。

注释

①决：决断、决策。

②善其用：善于运用。

③惑偏：疑惑偏颇。

④不受：不接受决策。

⑤隐托于恶：隐藏着不利的因素。

⑥离：同“罹”，遭受。

⑦事之失：决策的失误。

译文

凡是决策事情，一定要避免犹豫不定，善于运用决策之道的，就会有福报，不善于使用决策之道的，就会招致灾害。善于运用决策之道的人，必先诱出实情，就不会有疑惑或偏颇。决策要有好处，没有好处别人就不会接受它。决策必须依托于出奇制胜。如果所做决策从好的方面看是有好处的，但其中却隐含着不利的一面，则这个决策就不会被人们接受，而且还会导致关系疏远。如果决策招致损失，或招致灾难，就是决策的失误。

解析

完成一件事，不仅要有谋略，还要有决断。

有疑问才需要决断，而解决问题的方法往往是多项选择，当各种情况、各种意见全部堆在一起，很少有人能镇定自若地抽丝剥茧，找到最好的解决办法。绝大多数的人都会在各种方案中游移不定，不断考虑每一种方法的优缺点，试图寻找更好的办法却苦于没有出路，当必须选择的时候，还拿不出主意。

决断就是拿主意，做大事的人不能优柔寡断，如果只是徘徊在各种对策之间，担心实施后会有不好的结果，所以迟迟不肯做决定，那么时间一分一秒过去，你将渐渐落在他人后面。所以，决断不能拖延，拖延只会带来更多的麻烦和更大的难度，让人更加不知所措，正所谓“当断不断反受其乱”。

决断有风险，但不是赌博，不能听天由命。有些人实在不知该如何做决定，干脆眼一闭心一横，随便选择一个方案，就像在考试时面对完全看不懂的试卷，抓阄决定选择ABCD，这是一种极端不负责任的做法，也极端危险，因为是瞎选的方案，根本没有信心，也没有动力去执行，在胡乱选择的那一刻，就注定了失败。

懂谋略却不懂决断，再好的谋略也是白费。谋略是关涉全局的大计划，正因为它的深入性和广泛性，才有更多的变数，而每一个变数都像机器上坏了的零件，可能直接影响整体的运作。所以，发现问题必须争分夺秒地加以解决，是更换还是继续使用，或是干脆舍弃这一部分功能，都需要具体执行的人迅速作出决定，没有决断力，就像机器的坏零件只会越来越多，最后无法修理，只能报废。

决断集中了一个人的智慧与魄力。特别是面对突发情况，没有时间仔细思考，必须依靠平日的经验、敏锐的直觉和果敢的判断来选定解决办法，这才是谋略的紧要之处。这种决断力不是人人都有，也不是天生就有，需要后天不断磨炼，才能在临危之时不胆怯、不慌张，以对情况的了解为入手点，想出应对措施。

做出决断后，实施也是个大问题。在团体中，人们的立场不同，关注点不同，思维方式不同，每个人都有自己的想法，一个决断不代表所有人的意见，甚至会招致强烈反对，这时候就需要采用多种策略，或者加以详细的解释，或者压制反对者的意见，或者不断强调这一决断能带来的好处。如果做决断的人一向有群众基础，那么他也可以完全不做解释，直接命令下属去执行，这全靠个人平日的威望累积，是一种理想状况。

和谋略一样，决断的着眼点也是利益，如果一个决断不能带来某种利益，那就不是决断，是误断。决断需要趋吉避凶，以摆脱困境，打开局面为主要目的。做决断的时候，如果觉得一团乱麻无法入手，不妨重新想想自己的初衷，牢记自己的目的，再去审视问题的所在，摸清根源，想到解决的方案。方案众多也不用犯愁，一般情况下，最符合大目标、最符合根本利益的那个方法，就是你该选的。

圣人所以能成其事者有五

原典

圣人所以能成其事者，有五：有以阳德之[1]者，有以阴贼之[2]者，有以信诚之者，有以蔽匿之者，有以平素之者。阳励于一言[3]，阴励于二言[4]，平素、枢机[5]以用。四者，微而施之。于是度之往事[6]，验之来事，参之平素，可则决之。

注释

①以阳德之：公开施与恩德。

②以阴贼之：暗中加以陷害。

③一言：言行前后一致。

④二言：言行不一，真假难辨。

⑤机枢：关键。

⑥度之往事：以历史的经验来衡量。

译文

圣人能够做成事情的原因与方法有五种：一是公开施与恩德，二是暗中加以陷害，三是待人以信诚，四是蔽匿实情，五是用平常的态度对待对方。以上五种方式可分为阴、阳两类：使用阳类的方法时，言辞要表里如一，言行一致；使用阴类的方法，要说得真假难辨。阳的方法和阴的方法，再加上平素使用的方法和关键时使用的方法，这四种方式可以微妙地结合使用。在做决策时，认真思考过去的事情，验证未来的事情，再参照平素的事情，就能够做出正确的决策了。

解析

鬼谷子认为，有大智慧的人能够成事，靠的是五种方法的综合运用，既要与他人有正常的交往，又要在恰当的时候施恩，必要的时候还需要设计甚至陷害对方，在这个过程中既要有保密意识，又要有诚信意识。在这里他提出了谋略决断的时候必须说一是一说二是二，也就是说不论做什么，不论阴谋还是阳谋，都要保持自己的诚信度。

乍一看，诚信似乎与“阴谋”无关，因为在谋略中，总是存在出尔反尔、声东击西、藏头不露尾、甚至陷害他人的种种行为，而“诚信”这个词光明正大，看上去与鬼谷子的学说格格不入。这也是一种误会。鬼谷子的学说虽然涉及人性阴暗，但也不止一次地强调道德的重要，强调目的的正当性，更何况谋略和决断都需要诚信做保障。

一个有谋略的人如何说服他人听从自己？仅靠游说之术固然打动人心，靠利益诱惑固然让双方结成联盟，但人们选择听从一种谋略，却不只是因为利益因素，更不会凭对方的三寸不烂之舌就下定决心。他们首先想到的是：这个人可信吗？这件事可行吗？他们也会去调查这个游说者是不是真有能力，这是调查游说者的实力是否与他自己说的相符。此外，他们还要打听游说者的品德，如果这是一个反复无常的小人，那就算有再大的利益，他们也会因为不放心而放弃，转而寻找更让他们踏实的合作者。

可见，诚信是立身根本，代表着一个人的人格，一旦失去诚信，即使有再大的能力，别人也很难相信你，与你合作。谁知道你口中的合作是真是假，万一你中途突然和自己人作对，从中渔利，那不是赔大了？就我们每个人而言，发现一个人有撒谎的“前科”，那么他口中的话，从此听了也是半信半疑，甚至一句不信。小事尚且如此，在大事上，诚信的作用更是巨大，失信的影响也会动摇一个人的事业根基。

在现代社会，信誉也是一个人、一个企业的根本，为人的诚信在于说话要算话，“一言既出，驷马难追”，让人感觉到只要是你答应的事，你一定会尽心尽力；而企业的信用在于，如果不能兑现许诺，遵守合同，不只合作者，所有人都会对这个企业的能力产生怀疑，特别是会失去消费者的信任。例如，一个产品出现一次质量问题，它的销量就会直接减少，甚至连同一公司的其他品牌也会受到影响，可见失去诚信的杀伤力。

诚信已经渗透到我们生活的方方面面，我们经常使用的信用卡将“信用”二字打在明面上，就是提醒你不但在支付金钱，还在支付自己的信用。如果不守信用，使用资金的额度就会大受影响，甚至申请贷款也会遭到拒绝，这是关于“信用”的最形象的例子；如果对一个朋友说谎，那么所有朋友对你的印象都会大打折扣；如果曾泄露过公司的机密，那么接下来没有什么公司敢聘用你……

所以，懂诚信的人做出的决断，才会让人觉得可信可靠，才会让人愿意投入精力，而不是先观望一阵，看看你说的是不是真的。讲诚信的人，看似因为坚持原则失去了一些机会，其实大大提高了自己的好感度，节省了与人沟通的时间，缩短了人们的判断过程。可以说，诚信本身，就是一张通向成功的名片。

决情定疑，万事之基

原典

王公大人之事也，危而美名[①]者，可则决之；不用费力而易成者，可则决之；用力犯勤苦[②]，然不得已而为之者，可则决之；去患者，可则决之；从福[③]者，可则决之。故夫决情定疑，万事之基。以正乱治[④]，决成败，难为者。故先王乃用蓍龟[⑤]者，以自决[⑥]也。

注释

①危而美名：危险却可以博得好名声。

②犯勤苦：付出艰苦的努力。

③从福：带来福祉。

④正乱治：纠正混乱达到治理的目的。

⑤蓍龟：蓍草和龟甲。两者都是古代占卜用的器具。

⑥自决：自行决断。

译文

给王侯国君谋划事情，处于危急之中且事后可以博得好名声的，可以替他做决策；不用费太多力气就能办成的，可以替他做决策；尽管费力，但迫不得已而必须做的，也可以替他做决策；能够帮助对方解除忧患的，可以替他做决策；能够为对方带来福祉的，也可以替他做决策。总而言之，决策事情和解除疑虑，是做好万事的基础。它关系到社会的治乱，国家的兴衰，因此做决策是件很困难的事情。即使是古代圣明的先王，也借助于蓍草和龟甲的占卜来为自己的决策提供佐证。

解析

鬼谷子将“决断”作为捭阖的重要部分，单独成篇，为的就是告诉人们决断力的重要，懂得决断是万事的基础，能够决定事情的成败。很多情况需要决断：能带来利益的事，不得不做的事，符合道义的事，远离灾祸的事等，不论是为了自己还是为了他人，判断情况，做出安排，最后得到成功，都是一件值得骄傲的事。

但是，并不是所有人都有决断力，甚至多数人缺乏决情定疑的能力，他们宁可相信他人随口的建议，也不愿意甚至不敢相信自己作出的判断，他们总是犹犹豫豫，反复思考，觉得这个法子好那个法子也好，或者这样不行那样也不行，害怕一旦做出判断等待自己的就是失败。那么，我们应该如何锻炼自己的决断能力？

首先要独立。不能决断的人有个特点，就是凡事依赖他人。他们希望他人能够给出正确的建议，能够帮自己承担压力和责任。但是，没有人会对你的事那样上心，他人的建议也未必符合你的实际情况，与其等待他人伸出援手，不如现在就从小事做起，学着自己拿主意。做得对，建立了信心；做错了，吸取了经验。从小事到大事，培养自己独立思考、独立调查、独立分析的综合能力，就会对事物形成自己的看法，渐渐也会懂得如何计划，如何筹谋，如何达到目的。一句话，人不学会独立，就无法成长。

培养责任感。我们害怕决断，其实是害怕承担失败的责任，在该做决定的时候总是不断地想：如果我错了怎么办？的确，决断之后的形势不是我们能够预测的，有时候决断就像一场冒险。但是，任何事都有风险，即使不做决断，拖延了事，也同样是一种风险。应该让自己变得勇敢一点，失败了就重来，做错了就修改，只要能有这种担当，就不会害怕下决心。

专心致志。决断是为了解决问题确定某个方法，是为了达到目的选择的某条道路，在决断之前，如果我们能够专心致志地调查情况，深入思考，得出正确选择的机会将大大提高。平日就要养成认真的习惯，对事情认真，无形中就会有收获，不断学习，不断提高，判断力也会增长。专心致志地去做好每一件小事，就能积累个人能力；专心致志地做决断前的准备，平日的积累就会在这个时候转化为灵感和力量，促进我们作出正确选择。

自信。决定一件事最需要的就是自信，如果犹犹豫豫，很可能决断后也会反悔，不断想选了另一个方法会怎么样，拖累自己的脚步。决断，就是决定之后不反悔不后退，按照计划一直进行，这需要强大的自信。要相信自己的判断，也要相信自己的掌控力。或者说，既然已经做出了选择，就应该拿出背水一战的勇气，看看自己的方法究竟可行不可行。自信有的时候是积累的，有的时候是情况逼出来的，不论哪一种，都可以转化为支撑自己的强大信念，让人超常发挥，做出自己也想象不到的成绩。

古代帝王决定什么大事需要占卜，看看星象，看看龟壳上的裂纹，但实际上，占卜结果并不能改变他们的决定，他们只是需要心理上的安慰。我们也同样可以在决断的时候找找安慰。例如，听自己信赖的朋友给自己安慰，与自己的支持者互相打气，翻翻自己以往的履历告诉自己不会失败……在决断之前，每个人都可以是软弱的，犹疑的，倘若一旦做出决断，就要大胆地向前走，不理会一切非议与打击，这才是真正的决断力。

符言第十二

主位之术

原典

安徐正静[1]，其被节[2]无不肉。善与而不静[3]，虚心平意以待倾损[4]。右[5]主位[6]。

注释

①安徐正静：安稳、从容、公正、平静。

②节：关节。

③善与而不静：善于给予或放纵对方，使之不能安静。

④倾损：危机、危难。

⑤右：指一国君主。

⑥主位：安于其位。

译文

君主必须做到安稳、从容、公正、平静，就好比骨节上必须附着着皮肉一样。君王要对臣民友善且舍得给予，使臣民激动不能安静，自己则静观其变，随时等待可能出现的危机。君主只有这样做才能安于其位。

解析

要深入理解《符言》篇，先要理解题目。符是古代的符节，君王将命令写于符节上，再一分为二，领命的人执一半。符言，说的就是关于君主的格言，目的的是让君主明白制人之道，只要能够准确揣测臣下的心理，为君有道、有术，就可以让臣下严格遵守他们的命令。所以，《符言》篇是适合领导者仔细揣摩的篇目，而它所蕴含的知人、制人之道，也需要我们每个人领会，这样我们就能明白领导者的心理，又能为领导他人做好心理上的准备。

领导，小到学校班级的班干部，大到一个企业的高层管理人员，作用都是管理他人，使一个团体能够有组织、有纪律、有目标地运作下去，并取得成绩。如果一个团体如一团散沙，成员各自为政，领导的命令根本无人执行，说明领导根本没有管理能力，也没有领导者的素质，不能服众也不能摄众，这样的人不适合坐在高位上，被取代是早晚的事。

领导必须有领导气质，在一个团体中，他说的话能够让他人听从，他在团体成员之中有威望、有分量，遇到事情，所有人都愿意听从他的吩咐。所以，一个领导者、或者一个想当领导的人，必须明白什么是领导气质，并培养这种气质。鬼谷子认为，在位者的主要特征就是安、徐、正、静。

安，是指领导给人的外在感觉。领导者做人做事必须安稳，让下属们感觉到可靠。如果如新手一般毛毛躁躁，就会让人对这个团体的前途产生怀疑，更担心自己一番心血，被一个不知轻重的领导者的一个草率决定葬送。举个最简单的例子，在世界杯赛场上，各个球队的队长并不是按照名气、技术高低决定，而往往是球队中那个最稳当、最有大局意识、类似“大哥”的人物，这就是领导者应该具备的感觉。

徐，是指做事时给人的印象。领导者个性不同，但不论他们性格如何，做起事来都能按部就班地按照规律来，决不冒失急进，大意麻痹，即使那些急性子的人，也会按照顺序加快步调，而不会跳过某些步骤，这就是领导者处事特有的节奏，不论快慢，都让人感觉到平稳，每一步都在控制之中。

正，是指为人的公正。一个领导者管理众人，他的威信往往来自处事的公正。对下属一视同仁，不因和谁关系好就特别重用，也不因谁对自己有意见就拼命打压，而是一切以事实为准绳，就如同一位公正的法官，让人相信他的判断。这是人格的魅力，让众人从心理上产生信任和尊重。

静，是指领导者不多话，处事时多观察多思考，即使与他人讨论，也不轻易表达自己的想法。这种沉静的状态让人觉得深不可测，加深了成员们的敬畏，也是领导者必须具备的素质。静也指冷静的态度，特别是遇到危险的时候，如果领导者不能冷静指挥，而是慌成一团，底下的成员更不知该如何是好，这个团体的下场可想而知。

当一个人能够收敛自己的锋芒，做事时按捺冲动，平日多听取他人的意见，管住自己的口舌，并以一颗公正之心待人，不偏私不谄媚，那么他已经具备了初步的领导者的气质，他身边会慢慢聚集一些信任他、支持他的人。就像鬼谷子所说，安徐正静的领导，就像多肉的骨节，是团体的核心。所以，想要当领导者，先修身养性，培养领导者的气质。

主明之术

原典

目贵明，耳贵聪，心贵智。以天下[①]之目视者，则无不见；以天下之耳听者，则无不闻；以天下之心思虑者，则无不知。辐凑[②]并进，则明不可塞[③]。右主明[4]。

注释

①天下：天下之人，这里代之集思广益。

②辐凑：形容像辐条一样地向中心集聚。辐指车轮上的辐条。凑，通“辏”，车轮之辐集中于轴心。

③塞：遮蔽、堵塞。

④明：明察秋毫。

译文

眼睛贵在看东西清楚明亮，耳朵贵在听力聪敏，心灵贵在有谋略智慧。倘若用全天下人的眼睛来看，就没有看不清的；倘若用天下人的耳朵来听，就没有听不到的；如果用天下人的心智来思考，就没有什么是不知道的。各种意见集中到一起，就像车轮的辐条都往车轴汇集一样，则君主的英明就无法阻塞。以上是讲君主如何能够做到明察秋毫。

解析

领导者是一个团体的头目，要维持团体的运行，作出关于团体未来的大小决策。制定决策既需要知道外界的情况，又要考虑自身的因素，所以，领导者必须耳聪目明，知晓外界风云，掌握人心向背，想做到这一点，只靠一双眼睛、一双耳朵、一个脑子显然是不够的，而我们的老祖宗早就总结出了领导者做决策的智慧：集思广益。

鬼谷子说得明白，想知道天下的事，就要用天下人的眼睛去看，用天下人的耳朵去听，那么就没有什么事能隐瞒自己。一个人如果闭塞，不去积极收集信息，听他人的想法，那么他的思维就只能局限在小圈子里。所以，古代贤明的君主经常派可信的大臣到各地考察情况，就是为了深入地了解民情，避免被身边围着的官员蒙蔽。兼听则明，偏听则暗的道理，不但领导者，我们每个人都应该深知。

考虑问题也要借助他人的智慧。一个人的思维能力是有限的，总有盲点和遗漏点，而不同看法的人聚在一起，各自说出自己的观点，那么一件事的方方面面就会呈现出来。很多公司都提倡“头脑风暴”，就是针对一件事，所有人都把能想到的点子说出来，互相启发，互相补充，往往在这个“风暴”过程中，就能擦出火花，产生意想不到的好方案。综合更多人的意见，达到最优方案，这也是领导者应当具备的本领。

领导者应该有说一是一说二是二的权威，这是为了保证决策能够顺利实施。但是，不代表领导者应该认为自己的想法就是对的，其他人的想法都不会比自己高明，这就犯了刚愎自用的错误。当年项羽在鸿门宴上不肯听范增的计谋，放走了刘邦，最后落得自刎乌江的下场，世世代代都作为负面例子，用来教导那些身居高位的人一定要谦虚谨慎，不可自以为是。

领导者应该明白，下属提出意见并不是在挑衅权威，更不是想要争夺权力，而是想得到你的认同和赞赏，或者想把事情办得更好。对下属们的意见，要牢记“忠言逆耳利于行”，即使与自己的判断不符，也要虚心接纳，让下属们觉得自己被重视，觉得你是一个听得进意见的领导，进而更加用心做事。

当然，不排除有些下属心高气傲，偏要指摘领导的错误，甚至存着看好戏的心态想让领导下不来台。这个时候就需要灵活地处理。对外要表现出领导者的气度，承认对方的优点，接纳对方的建议，并以领导者的口吻夸奖对方表现得不错，希望他再接再厉，这既显得自己宽容大度，又提醒了二人的身份差距，打压了对方的气焰。比起当场发火怒斥对方，这种处理方法不骄不躁，恰恰能让旁人体会到你作为领导的不同之处。

集思广益还有一个好处，就是能最大限度调动团体成员的积极性。一个有活力的团体并不是那种领导一个人决策每一件事，下属们只需跟着指挥走；而是每个人都在自己的位置上开动脑筋，思考团体的发展，积极贡献自己的计谋和力量，领导在这个过程中收集众人的长处，这才是长远之计。而且，这也会让成员们感觉到自己真的靠自己的努力才得到成绩，会使他们更有干劲。

生活中，我们也要明白集思广益的重要性，珍惜他人提出的意见，多多询问他人的意见，都能使我们看问题得到更多的思路和启发，眼界和思维也越来越宽，要知道集体的力量是强大的，你吸收的他人意见越多，懂的东西就越多，考虑的事情也越多，智慧就在问与答、学与思中，一再积淀，一再升华。

主德之术

原典

德之术曰：勿坚而拒之[①]。许[②]之则防守[③]，拒之则闭塞。高山仰之可极[④]，深渊度之可测[⑤]。神明之位德术正静[⑥]，其莫之极[⑦]。右主德。

注释

①坚而拒之：拒绝愿意归附我们的人。

②许：接纳。

③防守：拥护、守卫。

④极：至，到达。

⑤测：测量。

⑥德术正静：积德之术讲究心态公正平静。

⑦莫之极：没有能与之相比的。

译文

作为君主，崇尚德行的方法是：不要拒绝愿意归附我们的任何人。当诚心接纳他人的时候，那么自己的团体就会多一个成员，这样就巩固了自己的防守阵营；如果拒绝接受他人，减弱了自己的实力，同时也阻绝了其他人继续加入我们的路径。山再高，抬头仰望也可以看到山顶；渊再深，也能够测量出它的深度。德的地位，就像神明一样神圣，崇德之术也要求心态平正平静，做到了这些，就没有什么能够比得上的。以上讲的是君主如何才能有德行。

解析

鬼谷子认为，领导者必须有“德”，只有有德的人才能让众人归心，像仰望高山一样仰望他。这与我国古代历来提倡的“以德治国”并无二致。在古代，君主有德，施行德政，就能让百姓得到更多的利益，以此巩固统治的基础。所以，这种“德”与“道德”还是有一定的区别。领导之“德”，有多重含义，而想要“以德服人”，也并非是在道德层面做到尽善尽美，而是在与人接触时，注意“德”的影响力。

对一个领导者来说，“德”首先是指这个人处事公正，胸襟广博。海纳百川，不拒绝任何一条小溪流，不视他们的清浊分出三六九等，能公平地对待每个人，甚至与那些心怀不满的人友好相处，这就是领导者的风度。领导者不是道德标兵，他们也会有缺点，甚至有道德上的缺陷，但是，只要他们在对待下属的时候，能够做到公正守信，他们就依然是合格的领导者，依然会因能力的卓越和处事的有原则，受到下属们的拥戴。

想要当领导者，就要学会接受他人，而不是拒绝。每一次接受都意味着己方力量的壮大，要诚心欢迎对方的到来，即使不能立刻接纳，也要保持友好的关系，表示双方是友非敌。接纳不是口说无凭，要做到真正的尊重，让对方感觉到自己有价值。

就像在人际关系之中，那些广交朋友的人，总会有很多的门路，就是因为他们不会拒绝和任何人来往，对所有人都礼貌周到。而那些标准高又有些孤僻的人，身边往往只有几个多年老朋友，他们拒绝和陌生人打交道，不喜欢与不熟悉的人攀谈，这无形之中就筑起了一道高墙，使多数人退避三舍，不愿与他接触，以免自讨没趣。以这种性格，自然无法建立广泛的人际关系，更别提当一个领导。

当然，所谓的接受也不是好坏不分，不是看到什么就收纳什么，这只会“贪多嚼不烂”，要明白自己最需要的是什么样的人才，把这样的人放在首要位置，让他们发挥作用；而那些有才却暂时没有用武之地的，则给予好的待遇，让他们安心等待时机；而那些有明显缺陷的，则要敬而远之，保持尊重，但不要让他们触及到领导核心。接纳要分清层次，需要甄别、考核，不能想当然，更不能轻信对方的夸口，这样才能保证真正的人才前来投奔，不然，来的只会是骗子。

一个领导者很少直接拒绝他人，他们会把话说得有余地，拒绝一次合作，却说这次“太遗憾了”，并积极寻找下次合作的机会，这种拒绝不会让人真的觉得被否定，也就不会因此增加自己的敌人。我们在生活中拒绝他人，也要明白给他人面子，就是给自己留余地，扩展空间，不要轻易拒绝他人，每个人都可能为你带来机会。

领导想要修炼自己的“德行”，积累自己的好名声，一定要做到“山不厌高，水不厌深”，只有这种胸怀才能与不同性格的人共事，才能以自己的宽容让他们服从。宽容本身就是一种智慧，在生活中，一个凡事不争不抢的人，总是比小肚鸡肠的人更受欢迎，这同样是“德”的一种表现。所以，让自己豁达一些，看开一些，一定会收获更多的尊重。

主赏之术

原典

用赏贵信，用刑贵正。赏赐贵信，必验耳目之所闻见①，其所不闻见者，莫不暗化②矣。诚畅③于天下神明，而况奸者干君④。右主赏。

注释

①耳目之所闻见：亲耳能够听到与亲眼能够看到的人与事物。

②暗化：暗自转化。

③畅：通达、通行。

④奸者干君：冒犯君主的奸臣。干，冒犯。

译文

进行赏赐时，贵在守信用，运用刑罚时，贵在公正。赏赐贵信，一定要以自己亲眼所见、亲耳所闻为依据。这样，那些自己没有亲自见闻的事，也因欲取信于君而暗自转化。这样做，君主诚信的美誉就会畅达于天下，臣民对他敬若神明，那些奸邪之徒又怎敢冒犯君主呢。以上讲的是进行赏罚的方法。

解析

古代有个有名的故事，叫做《桐叶封弟》。周成王姬诵小的时候和弟弟叔虞玩耍，在地下捡起一片叶子说："我要封你做唐国的诸侯！"周公知道这件事后问年幼的姬诵：“你要把唐分封给叔虞是吗?”姬诵连忙说：“我只是在和弟弟开玩笑!”周公却严肃地说：“天子无戏言。”然后选择吉日，将唐国正式分封给叔虞。这也是“天子无戏言”的由来。

可见从遥远的周朝，“天子无戏言”就是人们的共识。天子代表着国家，代表着政府，如果天子失信，那么人民就无法相信国家的政策，无法确定自己明天会面临什么样的困境，也就无法安心生活。朝廷上的大臣发现天子朝令夕改，也将无法执行政策，整个国家都会因中枢机构的犹疑而无法正常运转。所以，天子不能信守承诺，一定会损害国家的根本。

同理，一个团体的领导如果说话不算数，那他很快就会失去人心。例如，一个小公司的老总为了鼓励部下们使劲干活儿，许诺年终奖会大大增加。部下们努力了一年，到了年底，老总心疼钱，根本没有增加年终奖。部下们虽然不好多说什么，但到了第二年，不管老总用什么方法鼓励，他们也不会拿出全部精力工作，甚至有些人开始准备跳槽。

相反，重视承诺的领导却会得到人们的支持。如一家企业面临破产，老总还是七拼八凑，按照合同凑齐了员工的遣散费。员工们本来不指望拿得到这笔钱，见老板如此重信用，不禁大为感动，想要跳槽的人也决心留下来陪老板再拼搏一次。这位老板靠守信用牢牢抓住了下属们的心，得到了他们的忠诚，不论老板要背水一战，还是今后东山再起，都不会缺少支持者，因为他们相信老板会保证他们的利益，这比什么都重要。

不仅领导要注意信用，每个人都要注意积累自己的信用度，古人说：“君子一言，快马一鞭。”答应他人的事，就算再困难也要做到。而守信都是从小事开始的。例如，有时间观念不迟到，有计划意识不拖延，答应的事马上着手，定下的目标按部就班执行，这些都能让自己养成认真做事、言出必行的习惯。

积累信用度也要求我们平日说话要有分寸，不能随随便便跟人下保证，否则做不到的话，不但丢了自己的脸，还耽误别人的事，给人留下“吹牛不上税”的印象。但凡许诺，一定要建立在自己的实力基础上，肯定能做到才说给别人，不然还是暗自筹划，暂时不要透露。面对他人的请求，更要量力而行，不能因一时的冲动答应对方，给对方希望又让他失望，就算知道你尽力了，还是难免会有埋怨心理，影响两个人的关系。

总之，一个团体的主事者一定要保证信誉，不论你是一个公司的老总，还是一个学生的老师，或是一个孩子的家长。哪怕你的承诺是一句玩笑，一句无心之言，一旦出口，为了你自己的威信，就一定要做到，这样才能保证他人继续尊敬你，相信你，保证他们按照你的话做事。要常常提醒自己言出必行，不管是不是领导，你的话都要一言九鼎。

主问之术

原典

一曰天之[①]，二曰地之[②]，三曰人之[③]。四方上下，左右前后，荧惑[④]之处安在[⑤]。右主问。

注释

①天之：天时。

②地之：地利。

③人之：人和。

④荧惑：迷惑。

⑤安在：在哪里。

译文

君主要善问，一是天时、二是地利、三是人和。东南西北四方，上下、左右、前后都问，哪里还会有被迷惑的地方？以上讲的是要善问。

解析

做学问有个秘诀，就是勤学好问。个人的智慧总有解决不了的问题，请教那些更有学问，的人，得到教诲，就多掌握了一种方法。多就疑难问题与人讨论，就会多几种思路，开拓自己的思路。学得越多，问得越多，头脑就越丰富，而问与答的过程，也是思考的过程，产生新想法的过程，融合众人的知识，才能把学问做到极致。

做事的秘诀也一样，那些懂得多问的人，首先给人留下勤勉的印象，他们发问是为了更好地完成一件事，而他们尊敬的态度又让被问的人觉得自己有知识有见识。可以说，发问，也能缩短人与人的距离。做一件事多听他人意见，特别是那些有经验的人的意见，就能少走不少弯路，减少不少麻烦。所以我们常听到领导教导新人：“不会做就问！”而那些经常提问的人，往往是进步最快的。

有些人性格内向，不好意思向人发问。这是一种不必要的顾虑，因为每个人都希望得到他人的承认，而问本身，就是认可他人的能力，只要不在他人忙得焦头烂额的时候问个没完，让人厌烦，一般的时候，人们都会礼貌细心地对待发问者，尽量讲清楚他们想了解的东西，一来显示自己的大度，二来显示自己的学问。所以，想问就问，没什么可担心的。

和普通人一样，领导也必须懂得问，不要因为自己是头目，就觉得比他人高了一等，向别人求教就是失了身份，领导能到达一定位置，肯定有某一方面的突出之处，但他不是全能的，他的知识也会有局限，他的认识也会受到主观和客观的牵制，这时候就需要别人的智慧来补充。而“不耻下问”，不会让下属觉得领导蠢笨，只会觉得领导谦虚好学，而且为自己得到领导的重视而得意。

一个领导想要了解方方面面的情况，靠的也是发问。不是每个领导身边都有直言不讳的人，更多人选择报喜不报忧，不想说逆耳之言惹领导不快。所以，领导听到的言论都经过筛选的，领导看到的情况也很片面，想要了解真实的状态，只能靠自己问。例如，一个领导发现某一部门表面上看来团结一致，业绩却屡屡上不来，这很显然出了问题，要详细地询问部门总管。如果仅仅是看上一眼，不深入思考，不问清楚，那么这个部门的矛盾就永远不能解决。

询问他人要全面，针对一个问题，把相关的疑难点全都问清楚，问话过程可以有讨论，也可以举一反三，问到类似的情况，还要询问对方的具体看法。总之，问得越详细，得到的结论就越形象准确，不会留下盲点和误区，是可以直接吸收的知识。反之，如果只是随口一问，不求甚解，那么问等于白问。要始终记住询问就是学习，不论你的身份如何，发问者的目的就是学到知识，领导对下属的询问，本质上也是求教，所以，一定要摆出谦虚姿态。

不论何时，勤学好问是我们提高自己的最有效途径，一个领导也是如此。三人行必有我师，如果我们能时时注意吸纳他人的知识，询问他人的意见，我们在无形中就会收获数个有经验的老师，而我们的学识也会转化为观察力、判断力，给我们的生活以巨大的推动，让我们一天比一天更加进步。

主因之术

原典

心为九窍[①]之治，君为五官[②]之长。为善者，君与之赏；为非者，君与之罚。君因[③]其所以求[④]，因与之，则不劳。圣人用之，故能赏之。因之循理[⑤]，固能久长。右主因。

注释

①九窍：指双眼、双耳、双鼻孔、口、前阴、后阴。

②五官：五种官职，殷商时期是指司徒、司马、司空、司士、司寇，西周时期是指司徒、宗伯、司马、司寇、司空。这里泛指百官。

③因：顺应。

④求：愿望。

⑤因之循理：顺着赏罚的原则来行事。

译文

心是九窍的统治者，君主是百官的主宰。做了善事的臣民，君主就要给他们赏赐；做了坏事的人，君主就要给他们惩戒。君主顺着臣民们的愿望进行赏罚，就不会那么劳心费力了。圣人这样来使用赏罚，所以赏罚使臣民各得其所。作为国君，如果能够遵循这个道理，就能使国家稳固长久了。以上讲的是君主要以因循赏罚的原则来治理国家。

解析

鬼谷子所说的主因之术，强调君主应该按照下属们内心的愿望决定他们的奖赏，这样才能让他们更有干劲。奖赏是领导的常用手段，用以肯定部下们的功劳，巩固他们的忠心，强化双方的关系。有赏就有罚，做错事也要进行相应的处罚，这样才能树立良好的秩序。赏罚分明，就是领导做事应该遵循的规律。

奖赏，既是对某个人的奖励，也代表了领导的一种态度，告诉他人怎样做才能得到奖赏。这就能形成一种风气，让人知道该做什么，让更多的人为了奖赏来效仿，来努力。奖赏他人要得当，按照功劳大小给予，不能随心所欲，否则容易造成奖赏不公平，使少得的人产生愤恨心理。现代企业，奖赏有严格的制度，杜绝了这个弊端。

领导不能因个人的喜好胡乱奖赏。古代有皇帝喜欢石头，奖赏了一个献上奇石的人，结果天下人都跟着倒腾石头；有皇帝喜欢画画，奖赏了一位画家，于是很多人开始学习画画。上级有了爱好，下级一定会想办法投其所好，这就让他们不能专心于工作，影响效率。所以，领导一定要知道什么该夸，什么不该夸，不能随随便便给别人奖赏。

相对的，惩罚也是为了保证一个团体的纪律。关于惩罚，最有名的例子莫过于兵圣孙武的“三令五申”。孙武为吴王献上兵法，吴王让孙武当场操练他的后宫妃子。孙武于是开始教妃子们如何列队，如何行进。这些妃子平日受到君王宠爱，根本不把孙武放在眼里，嘻嘻哈哈。于是孙武说：“我没有把动作交代清楚，这是我的过错。”于是再一次强调了列队的方法，然后发出号令，妃子们依然我行我素。于是孙武说：“交代清楚后还不听命，就是队长的过错。”于是，把领头的两个妃子斩首。美女们面如土灰，都乖乖地听从号令，果然有了军队的威仪。这就是惩罚带来的威慑力。

奖赏要公平，惩罚同样不能因人而异。古代为了维护法律的公正，讲究

“王子犯法与庶民同罪”，就是在强调纪律面前人人平等，犯错受罚没有例外。领导可以因为犯错者过去有大功劳，减轻处罚力度，但绝对不能不罚，否则就会给其他员工“不公平”的印象。每一次处罚都是在重新强调纪律的重要，看到他人受罚，自然知道约束自己。

惩罚需要掌握力度，如果处罚力度超过了被罚者的承受能力，那惩罚只会起到反效果。隋朝时，隋文帝杨坚憎恨那些偷窃之人，曾规定过偷窃边防粮食一升就要处死。因为刑罚太重，那些盗贼索性大偷特偷，反正“偷一升也是死，抢一车还是死”，结果，偷窃率没有下降，反而大大上升，隋文帝只好赶快取消了这个处罚措施。可见，惩罚必须在被罚者的承受范围之内，要让对方有“带错立功”的意识，而不是觉得事已至此，索性消极怠工，这就完全违背了惩罚的目的。

在现代企业中，奖赏与惩罚都是管理的手段，有严格的规章制度可以遵循，而在生活之中，很少有人把奖赏措施落到纸面上，这就更需要自觉意识。有权奖赏处罚的人要做到赏罚得当，言出必行，不要说了不做，让人存侥幸心理或埋怨心理。例如，家长规定孩子做错事要惩罚，万万不可因孩子撒娇耍赖就不去执行，一旦有了说而不做的先例，权威地位就会丧失。想要别人服从自己的纪律，首先要做到自律，做到说一不二。

主周之术

原典

人主不可不周①，人主不周，则群臣生乱②。家于其无常③也，内外不通，安知所开。开闭不善，不见原也④。右主周。

注释

①周：周全，周到。

②生乱：生出祸乱。

③家于其无常：群臣处于混乱无常的状态之中。

④原：根源。

译文

国君做事情不可以不周全，如果国君有考虑不周的地方，那么群臣中就会有人不满而生出祸乱。群臣都处于混乱无常的状态，内外信息阻塞不通，君主怎么会知道如何采取行动呢?如果君主不能成功解开与群臣之间的误会，并能成功找到解决问题的方法，就不能找出产生问题的根源。以上讲的是国君谋虑周全的重要性。

解析

在一个团体里，每个成员的地位都不一样，有的人做着最普通的任务，有的人却可以管理别人，而地位不同的两个人，可能年纪相当、学历相同，为什么会有这样的差别？有些人总是不服气被领导，认为领导能做到的事，自己也能做到，说不定做得更好。于是生出怀才不遇的心理，甚至看不起自己的领导，和领导对着干。其实，领导与普通员工最大的不同，就在于他必须承担更大的责任和压力，考虑更多的问题。

拿一个企业来说，一个普通的推销员只需要卖出自己的产品，建立自己的客户关系，就能顺利拿到薪酬，而他的直属上司，不但需要担心销量，还要不断考虑市场变化，不断培养手下的推销员，不断处理客户的纠纷，如果推销员突然离职，他又要忙着弥补空缺……表面上看，推销员每天四处走，说得口干舌燥，上司每天坐办公室，不必风吹日晒，似乎上司更为轻松。实际情况却是职位越高，责任越大，任务越多。

一个领导需要考虑的事情太多了。让我们以最小的社会单位举例，家庭，是一个小团体，一家之主，就是领导。如果一个男人是一家之主，那么他的夫人需要考虑的是工作、家务、教育孩子，他的孩子需要考虑学习，而这些事一家之主都需要考虑，他还要考虑家庭的存款，考虑衣食住行，考虑孩子未来的发展，考虑亲子间的关系，考虑自己的职业……为了这个家庭的发展，他必须承担经济压力、精神压力和妻子孩子偶尔或经常的抱怨。一个三口之家都会有这么多烦恼，何况更大的团体，何况一个企业？所以，不要以为人人都能当领导，领导有时候还会羡慕小职员，因为他们的工作简单、平静，不用考虑那么多事。

从这一点我们也可以知道，什么样的人具备领导素质。那些做事周到的人，经手的任务会分外妥当，这样的人最容易得到领导重视，因为谁都希望有个得力的助手，于是，他们很快就会得到提拔，成为小领导。当然，仅仅周到是不够的，秘书也很周到。想成为真正的领导还要在周到的同时，具备战略眼光和全局观，不能只把小事做好，而要能够考虑团体的方方面面，这样的人才能承担更大的责任。

正因如此，学会周到地思考，周全地做事，才能更好地提高自己。何谓周到？有个很有名的小故事，说职员 A 不满意老板总是提拔和他一起进公司的职员 B，老板让他去市场问问今天马铃薯的价格，职员 A 连忙跑到市场，带回了马铃薯今天几块钱一斤的消息。老板又让 B 去打听，B 回来了，不但问了马铃薯的价格，还看了今天市场上哪些东西比较便宜，应该购买，并问清了马铃薯的折扣，发现某个农夫的马铃薯性价比特别好，还把农夫带到了公司，建议老板和他谈谈长期合作……做一件事的时候，能够深入思考它的方方面面，把和它有关的事情同时处理好，这就是周到。一个周到的人，总能让人放心地把一切事交付给他，这样的人，自然比别人有更多的经验、更多的机会，以及更多的成就。

主恭之术

原典

一曰长目①，二曰飞耳②，三曰树明③。明知千里之外，隐微之中，是谓洞天下奸，莫不暗变更④。右主恭⑤。

注释

①长目：看得极远的眼睛，类似千里眼。

②飞耳：听得极远的耳朵，类似顺风耳。

③树明：建立搜集情报信息的联络点，让自己始终处于对各种情况的明确了解之中。

④暗变更：暗中收敛，改变计划。

⑤恭：恭是对君主外在表情的要求。君主应该给人不怒而威的感觉。

译文

第一是眼睛看得非常远，第二是耳朵听得非常远，第三是建立搜集情报信息的联络点，让自己始终处于对各种情况的明确了解之中。明晰千里之外的情况，了解隐蔽微小的事情，这样就可以洞察天下奸佞，而那些奸邪之徒没有不暗暗改变的。以上讲的是君主在表情上要给人严肃、威严的感觉。

解析

鬼谷子说，君王一定要有君王的威严，才能震慑群臣万民，让他们不敢生出反抗之心和不臣之心，打从心底对君王恭顺。一个领导如果不能在气势上压住员工，那就很难在实际工作中指挥他们，员工不把领导放在眼里，就会想怎么干就怎么干，根本不理领导的命令。如果命令行不通，意图就不能实现，领导就会被员工架空。

谋略必须通过执行来得到成果，所以，领导在平日就要建立自己的威严，让自己的命令能够被不打折扣地执行。而想让别人恭顺的最好办法，莫过于知道手下心里究竟想的是什么，要的又是什么。如果手下需要的是物质，就许诺物质奖励；如果需要赞同，就实行激励政策；如果心怀不轨，就要适时打压。这样才能让手下觉得领导无所不知，不敢再存轻视或侥幸心理，而是带着忌惮和敬意，踏踏实实地为领导工作。

由此可见，领导必须了解团体成员的心理和动向，才能及时地对他们实行恰当的领导政策，或赏或罚，或怀柔或施威，才能在心理上让他们抱有敬畏之心。这也是鬼谷子倡导的权术。在鬼谷子看来，一个领导不能只靠德行立身，权术是必要的辅助手段，因为领导要管理的是人，而人性有固有的弱点，必须钳制这些弱点，才能保证自身的地位和谋略能够实施。

这样的观点和西方政治家马基雅维利颇有异曲同工之处。马基雅维利在他的著名著作《君主论》中指出，一个成功的君主必须糅合狮子的威严和狐狸的狡猾，缺一不可。而不论东西方历史，大有作为的君王们似乎都懂得恩威并施的重要性，在对待下属时，始终保持着君主的威严感，这种共性，值得后世的领头人学习借鉴。

鬼谷子认为君王必须建立自己的情报网，这样才能准确地了解大臣们的动向，特别是那些怀有不轨之心的人，发现动向就能够及时预防。而有这样的情报网，也提醒其他大臣兢兢业业，不要生异心。当然，凡事要有度，有些君王大搞特务机构，弄得人心惶惶，反倒耽误了国家的发展。就如唐朝时武则天担心有人对她不利，大开告密之门，重赏告密者，结果不少小人靠告密登上高位，使当时政局一片混乱，可见凡事过犹不及。

对一位称职的领导人来说，掌握下属们的信息固然是重要的，但也要注意不能干涉下属们的私生活，不能对与工作无关的事说三道四，甚至不要让下属们知道自己的“无所不知”。只在适当的时候，例如哪位员工家里出了变故，或者哪个下属遭遇了重大挫折，在这个时候表现出关心，并帮他们解决一些实际问题，显示一个领导者的温情；或者在某些员工因私事影响到工作，适时的批评，让员工注意到他的举动都在领导的关注下，显示控制权。这两种情况都能提升领导者的威严，也只有在这两类情况下，领导的举动才不会引起质疑。

不论在哪个位置，洞察力都是重要的，有决定作用的。洞察力能让我们深刻认识到形势的动向，人心的起伏，以此趋利避害，调整我们的行为。作为团体的领导，不能只负责高瞻远瞩，还必须在细微之处留神，因为有的时候，细节往往可以决定成败。

主名之术

原典

循名[①]而为，实安而完[②]。名实相生[③]，反相[④]为情。故曰：名当则生于实，实生于理，理生于名实之德[⑤]，德生于和[⑥]，和生于当。右主名。

注释

①名：名分。

②实安而完：按照实情来给予名分。

③相生：相互化生，相互依存。

④反相：反复循环。

⑤德：相匹配。

⑥和：和谐、协调的状态。

译文

依照名分去做事，按照实情来给予名分。名分和实情相互助力，反之又互相彰显。因此说：名分相当是因为它产生于实际；情况真实是说它符合事理。事理是从名实相得的事情中总结出来的。相得益彰得益于双方和谐的关系；而和谐又是从名实相符中产生的。以上讲的是名实相符的重要性。

解析

我们每天都会在路上、地铁上、墙上、手机上、电视上、电脑上看到各种各样的广告，这些广告会以精美的图片、美妙的言辞来宣传产品的种种好处，很多人会因为广告的效果去试用一种产品，但是，稍有常识的人都会知道，宣传归宣传，产品究竟如何，还有待于亲身体验，没有多少人会把宣传之词当真，因为世界上有太多的名实不符。

就像一个公司的人力资源经理组织招聘，会收到很多分简历，这些简历都会详详细细地列上个人经历，并扼要地说明自己的性格以及优势，而没有经理会凭借一份优秀的简历就决定聘用，想要进公司，需要面试，需要复试，通过考试还要通过试用期，为的就是全面考量应聘者是否有真材实料。而鬼谷子的“主名之术”，说的正是名实相符，这既是一种哲理，也是符合君王需要的用人之术。

在我们的生活中，都会认识一些有名气的人，他们凭借某一方面的优势得到了他人的认可，一传十十传百，就连不认识他们的人，也知道了他们的名字，见面要说一句“久仰大名”。我们自己也不乏慕名结交某人的经历。我们也早就发现，很多人的名声与他的实际能力并不一致，有些人名声响亮，实际能力平平；也有极少数人实际能力比人们传闻的更高。对前者，我们很难不产生失落的情绪。

古代贤明的君王渴望贤臣，总是让人推荐民间的贤人，然后招纳进朝廷为自己服务。最有名的莫过于刘备带着两个弟弟“三顾茅庐”，请诸葛亮出山。但是，有智慧的刘皇叔可不是听了别人的吹捧，就对卧龙先生深信不疑，他之所以“三顾”，是为了表现自己求才的诚意，不代表自己已经认可了诸葛亮的才能。直到诸葛亮为他分析了天下局势，设计了发展策略，他才真正相信诸葛亮是个奇才，这就是君主必须具有的对人才的分析鉴别能力。

每个领导都会有自己的“人才库”，有些是别人推荐的，有些是毛遂自荐的，条件看上去一个比一个好，但领导们却总是感叹缺人才，真正的人才太少了，这正是因为他们深知检验的重要性。他们不会听信片面之词，也不会接受私人性质的保证，只会实事求是，以自己的眼睛观察对方是否真的有才，是否真的适合某一份工作。追求名实相符，是一种务实的态度，而做大事的人，必须务实。

所以，不管我们处在什么样的地位，都要培养自己的务实精神。对那些有名的人或物，不能被他们的光环晃花眼，要亲自观察，看看到底是货真价实，还是“盛名之下其实难副”，有了这样的精神，我们才能对世界有清晰准确的认识，我们的判断才能建立在客观基础上，我们做事也才会更多一分笃定。

一切事，名是表象，实才是关键，就如领导下达一条命令，只有被落实，才能真正实行，否则就是空有其名。就我们个人而言，也要一以贯之地追求名实相符，不要因为虚荣去追求浮华的名声，那只会成为身外的负担，当一个人有真正的实力，他的名气自然会越来越大。所以，在名与实之间，先求实，再定名，这是最务实也是最有智慧的人生态度。

转丸第十三
胠乱第十四

这两篇正文已丢失，只余篇目名称。

本经阴符七术

盛神法五龙

原典

盛神法五龙。盛神[①]中有五气[②]，神为之长[③]，心为之舍，德为之大[④]，养神之所归诸道。道者，天地之始，一其纪[⑤]也，物之所造，天之所生，包宏无形，化气，先天地而成，莫见其形，莫知其名，谓之神灵。故道者，神明之源，一其化端。是以德养五气，心能得一，乃有其术。术者，心气之道所由舍者，神乃为之使。九窍十二舍[⑥]者，气之门户，心之总摄也。生受于天，谓之真人[⑦]。真人者与天为一。

内修炼而知之，谓之圣人，圣人者，以类知之[⑧]。故人与一生，出于物化。知类在窍，有所疑惑，通于心术，心无其术，必有不通。其通也，五气得养，务在舍神[⑨]，此谓之化。化有五气者，志也、思也、神也、德也，神其一长也。静和者养气，气得其和，四者不衰。四边威势，无不为存而舍之，是谓神化。归于身，谓之真人。真人者，同天而合道，执一[⑩]而养产万类，怀天心，施德养，无为以包志虑思意[⑪]，而行威势者也。士者通达之，神盛乃能养志。

注释

①盛神：使精神旺盛。

②五气：五脏之气。五脏指的是人的心、肝、脾、肺、肾。

③长：主宰。

④德为之大：有道德可以使精神壮大。

⑤纪：通“基”，根基。

⑥十二舍：人体中气的十二处止息之所，分别为心、肝、脾、肺、肾、胃、膀胱、大肠、小肠、胆、膻中、三焦。

⑦真人：得道之人。

⑧以类知之：根据同类事物的品性来推理认识万事万物。

⑨舍神：使精神得到归宿，保持镇静与专一。

⑩执一：坚守自然之道。

⑪无为以包志虑思意：以无为之道来指导思想。

译文

如果要想精气神旺盛，就要学习模仿五龙。旺盛的精气神中有五气，神是五气中的主宰，心是神的居所，而德能使精神壮大，养神的方法归结为道。道是天地的开始，由道生出一，一生出万物。世间万物的产生，上天的生成，都是由道而来，道包含着无形的化育之气，在天地生成之前就已经出现了，人们谁也看不见它的形，谁也不知道它的名，就称其为神明。因此说，道是神明的起源，一是道变化的开端。所以，人们就必须以德来养五气，心能够坚守一，才能符合道术。道术就是把心气从它居住的地方引导出来，神就是道术的使者。人体九窍和十二条经络是气进出的门户，都是由心来总的掌控。生下来就受命于天的人，被称为真人。真人是与天地合为一体的。

通过内在的修炼而真正掌握道的人，称作圣人。圣人是触类旁通而知悉道的。人一出生，都是天地的造化，但都随着外界事物的变化而发生变化。人通过九窍等认知外界的事物，如果有疑惑不解，就需要借助心的思考。如果没有道术，心与九窍就必然不通。如果能够相互畅通，五气就能够得到滋养，这时神坚守心中，这就叫化。五气化育，生出志、思、神、德，而其中神居四者首位。宁静平和才能够养气，五气得以和谐，则志、思、神、德四者都旺盛不衰，从而向四周散发威势，如此，就什么事都能够办到。如能将这种敬畏向内归于心，就称为神化，向外归于肉体，就是真人。真人与天地大道合二为一，坚守“一”并化育万物，代行上天的意旨，用道德修养来施政，以无为之道来指导思想，从而发出威势。游说者要知悉这一点，精神旺盛才能培养志向。

解析

《本经阴符七术》是鬼谷子讲述如何修炼内在的著作。本，即一个人的精神根本，鬼谷子认为一个人必须通过内在精神的修炼，才能获得解决外在问题所需要的定力、智慧和意志，这种修炼是私人化的，既是身体上的修养，又是精神上的修为，并与自然、社会、他人融为一体，追求一种和谐，其中的观点既有哲学内涵，又有实用价值，值得仔细品读。

鬼谷子以“五龙”来做比喻，强调了“盛神”的重要性。旺盛的精神是一个人元气的根本，而内在的元神又决定了外在的气质和行为。鬼谷子的理论既有道家的思想，又隐隐包含中医的养神论。而历朝历代的哲人和圣人，都不断地强调“神”的重要，就连写文章，都要讲究“下笔有神”，可见与大道归一的“神”对一个人的决定作用。

在现代社会，很少有人仔细去研究道家的精神，但很多人喜欢从中悟出的一些深入浅出的道理，就像鬼谷子所说的，一个人保持宁静的状态才能养气，而“气”并不是神乎其神的东西，而能在人的言谈举止中流露，儒家的孟子也不断鼓吹“吾善养吾浩然之气”，气与神都是身体与精神的和谐产物，是生理健康与心理健康的统一。

养神养气是前人的告诫，也是现代人缺少的追求。浮躁的商业气息，忙碌的工作让我们疲于应对各种事务，哪里有时间去理解修身养性的含义。其实，修身养性并不是指长时间不理外物，一心一意思考高尚的哲学命题，仅仅是劝导人们要在各式各样的生活之中，保持身体的健康和心态的平静，这样，才能有稳定的心理状态，才能更好地吸收知识，提高对外界事物的敏感度，能够深入地思考问题，并且有充沛的精力去应对挑战。

说简单一点：身体需要锻炼，心态需要陶冶。好的身体是革命的本钱，不要命的加班或者娱乐，不应时的饮食，不健康的生活方式都要避免，还要注意多动多锻炼，这些事只要有心有毅力，很容易就能做到；而陶情冶性也不困难，种盆花草，听听音乐，看书散步，旅游踏青，都能使自己得到放松，补充能量。

追求健康生活应该是一种习惯，它的关键就在于追求一种自然轻松的状态，让自己舒缓、从容。不要以为这种“慢节奏”会影响到工作的效率，所谓“一张一弛，文武之道”，正是因为有了好的放松方法，才能够得到休息，储备精力。如果大脑一直处在高速运转状态，身体一直承受超负荷的压力，想问题就会越来越容易出漏洞，做事也会越来越手忙脚乱，更容易打乱步调，甚至让自己的计划停滞不前。

想要自己精力充沛，贵在坚持，贵在日积月累，如果三天打鱼两天晒网，那么一切都不会改变，身体还是会随着年龄、随着压力越来越糟，精神也会越来越萎靡，而那些坚持锻炼，坚持修身养性的人，即使一天仅仅抽出很少的时间，也会逐渐改变个人的精神气质，看上去越来越沉稳，越来越自信，由内到外透着精气神，不论抗压能力还是决策能力都会随之提高。所以，不论我们的目标是什么，都要保证自己有旺盛的精神，这才是一切的保证。

养志法灵龟

原典

养志法灵龟。养志[1]者，心气之思不达[2]也。有所欲，志存而思之。志者，欲之使[3]也。欲多则心散，心散则志衰，志衰则思不达。故心气一，则欲不徨[4]；欲不徨，则志意不衰；志意不衰，则思理达[5]矣。理达则和通，和通则乱气[6]不烦于胸中。故内以养志，外以知人[7]。养志则心通矣，知人则职分明矣。

将欲用之于人，必先知其养气志，知人气盛衰，而养其志气，察其所安[8]，以知其所能。志不养，则心气不固；心气不固，则思虑不达；思虑不达，则志意不实；志意不实，则应对不猛[9]；应对不猛，则志失而心气虚；志失而心气虚，则丧其神矣。神丧则仿佛[10]，仿佛则参会不一[11]。养志之始，务在安己。己安则志意实坚，志意实坚则威势[12]不分，神明常固守，乃能分之。

注释

①志：志向、意志。

②达：通达、通畅。

③使：使者，这里引申为表现。

④徨：心神不安。

⑤思理达：思路通畅。

⑥乱气：指心气被堵塞之后而乱行之气，与和气相反。

⑦知人：了解人，处理好人际关系。

⑧安：目的。

⑨应对不猛：应变能力不强。猛，强烈、迅速。

⑩仿佛：心意彷徨，精神恍惚。

⑪参会不一：指志、心、神三者无法相互协调。参，通“叁”。

⑫威势：人的精神气势。

译文

休养心志就是将四散的心气像乌龟把头、四肢、尾巴缩在一起一样。之所以需要养志，是因为如果不修养心志，心的思想活动就不会通达。如果一个人有了某种欲望，反馈到心里的思想活动就是志，心志受欲望的影响。人的欲望无穷，心神就会分散，以致心志衰弱，心志衰弱就会导致思想拥塞不畅。所以，心气坚定专一，欲望就无隙可乘；就不会扰乱心神，那么心志就不会衰减；心志不衰，那么思想就畅达了。如此，心气就能平和畅达地运行，因而心中也不会感到烦乱。因此，一个人对内修养心志，对外要明察各种人物。养志能做到心意畅达，了解他人就能做到知人善用。

如果要将养志之法用在别人身上，必须先清楚对方气志的情况，知道他的心气的盛衰，并培养他的志气，观察他的心思在哪里，清楚他的才能。如果不养志，心志就不稳定；心志不稳定，思想就不通达；思想不畅达，意志就不坚定；心志不坚，就不能对事情迅速做出反应；不能迅速反应，就造成丧失意志和心气衰弱；丧失意志和心气衰弱，就表明他的精神颓废。精神颓废就会使人神情恍惚，意识不清，精神恍惚就会导致心神不能相互沟通，协调配合。从一开始养志，就必须先使自己心神镇定下来。自己心神安静了，心志才能坚实；心志坚实，声威和气势就会聚集，人的精神就会固守其内，这样才能分散对方的威势。

解析

在每个人的人生道路上，“志”有巨大的指导意义。“志”的含义是多重的，既包括志向，就是理想，就是未来的目标，也包括意志力，也就是勇气、自制力。鬼谷子认为人应该如灵龟一样“养志”，而灵龟虽然行动缓慢，但擅长缩起头部四肢，以坚硬的壳保护自己的根本，躲避外界的侵害，这的确是一个形象的比喻。如果我们都懂得培养、保护、慢慢壮大自己的志气，那我们的实力也会不断增强。

志来自内心的欲望，人想要做什么，取决于他想要什么。渴望功成名就和渴望与世无争，在本质上其实没有什么不同。有了一个志向，才能找到自己的方向，才能参考他人的例子，为自己的人生做好规划，明白自己该学什么，该改什么，该争取什么，可以说，志向在很大程度决定了一个人的人生轨迹。看一个人的志向，有时就能知道这个人的未来如何。

但是，欲望的产生容易，实现却很难，志向更是如此。有些人常常鼓励自己朝目标努力，但实际上困难重重，他们或者懒惰，或者被其他东西诱惑，或者被失败打击，不是转变方向，就是一蹶不振，能够真正实现志向的人少之又少。所以才会有“常立志不如立长志”的俗语。志向如果没有实际的努力，那它仅仅是一种幻想。有了志向，缺少意志力，我们依然什么都做不到。

坚强的意志也是成功者必备的素质。想要得到一项成绩，需要面对无数的困难，这就需要人们能够顶住压力，不论发生什么事都要继续朝着自己的目标前进，在这个过程中，又有不少人半途而废，转而寻求更加安稳的生活。很多理想被他们抛下，当他们成为生活安稳的普通人，也常常后悔当初的意志不坚，可惜时光不能回头，很多机会只有一次，也正是如此，人们总是强调“人生难得几回搏”，告诫后人要坚持到底。

与人相处，也要留心观察对方的“志”。了解对方的志向，就能够了解到对方的心胸和胆识，观察对方的意志力，就能够掌握对方的承受能力，由此才能够在合作过程中更好地掌握对方的动向。那些意志力不坚定的人，很容易遇事就缩，要及时给予鼓励甚至威胁；而那些缺乏志向的人，只需借用他们的能力，不需要一定要和他们“意气相投”。

总体来说，我们很难遇到一个既有大志向，又有坚决意志的人，因为人们总是遇到各种诱惑，总是屈从于自己的弱点，很难做到专心致志。意志薄弱的人，他们总是缺乏自信，做什么事都觉得没有把握，想什么事也容易“卡壳”，做判断时候优柔寡断，总觉得这个好那个也好，而且耳根子特别软，别人劝一句，他们就会开始否定自己，完全忘记了初衷。这样的人注定与成功无缘。

而鬼谷子提倡的“养志”，就是为了防止人们意志不坚，心神涣散。要求人们主动培养心智，远离诱惑，在做事情的时候要一心一意。这样才能获得安定的心灵状态，继而为自己的目标全力以赴。当遇到诱惑，遇到困难，遇到多种选择时，问问自己最想要的是什么，就知道不能违背自己的志向，坚定地走下去，这就是意志力。而在强大的意志作用下，我们的大脑也会充分活跃起来，身体充满力量，这个时候，往往能够超常发挥，克服难以想象的困难。这就是精神力的巨大作用，可谓“养志千日，用在一时”。

实意法螣蛇

原典

实意法螣蛇[①]。实意者，气之虑[②]也。心欲安静，虑欲深远。心安静则神策[③]生，虑深远则计谋成。神策生则志不可乱，计谋成则功不可间[④]。意虑定则心遂安，心遂安则所行不错，神自得矣，得则凝[⑤]。识气寄[⑥]，奸邪而倚之，诈谋而惑之，言无由心矣。故信心术，守真一而不化[⑦]，待人意虑之交会，听之候之也。

计谋者，存亡之枢机。虑不会，则听不审[⑧]矣，候之不得。计谋失矣，则意无所信，虚而无实。故计谋之虑，务在实意，实意必从心术始。无为而求安静五脏，和通六腑[⑨]，精神魂魄固守不动，乃能内视、反听、定志。虑之太虚[⑩]，待神往来。以观天地开辟，知万物所造化，见阴阳之终始，原人事之政理，不出户而知天下，不窥牖[⑪]而见天道，不见而命，不行而至。是谓道知，以通神明，应于无方[⑫]，而神宿矣。

注释

①螣蛇：也作“腾蛇”，是中国民间传说中一种能够兴云驾雾、变化飞翔的灵蛇。

②气之虑：心平气和，思虑深远。

③神策：奇谋妙策。

④间：离间、阻碍。

⑤凝：凝练、集中。

⑥识气寄：思想活动不安定。

⑦化：变化、分散。

⑧审：周详。

⑨六腑：指胃、大肠、小肠、三焦、膀胱、胆。

⑩太虚：思虑达到毫无杂念的空明境界。

⑪牖：窗户。

⑫无方：没有方法。

译文

要做到思想充实，必须效法螣蛇。实意，就是充实提高心的思维能力。心欲安静，才能考虑得深远。只有将心安静下来，才能想出奇妙的策略；思虑深远，计谋才能成功。有了神奇的计策，心志就不会混乱了；计策周密了，成功就没有阻碍了。意虑安定，心也就安定了，这样，行动才能没有差错，行动没有差错，精神才能自由放松，专心致志。心有牵挂，奸邪就有了可乘之机，就会被对方的奸计所迷惑，说话就不可能深思熟虑了。所以，要心意坚定，就必须使心意专一不变，等到人的心意与思虑产生交会，就可以任凭等待事物的变化了。

计谋，是关系到生死存亡的关键。如果一个人心里的心意与思虑不交融，对听到的言谈就不审慎，就等不到自己想要的信息。计谋一旦出现失误，就会变得意虚不可信，意虚就不实际。所以在思考计策的开始，必须要做到实意，实意就要从静心开始。要遵循无为之道，使五脏安静，六腑和谐畅通，精神和魂魄固守在自己的位置坚定不动，才能做到用心向内看，换位思考去倾听，并且坚定心志。如果思想达到虚无一物的空明的境界，神明就能自由地往来。就仿佛能够看到天地开辟，万物化育的过程，看到阴阳周而复始的变化和规律，从而推理出治理国家、管理百姓的方法，就能够做到不出门而知天下的大势，头不探出窗户就可以知道天地间的变化规律；不待事情发生就能准确预见并发布命令，不做事就能成功。这就叫做“道知”，就是凭着道的原理来预知一切，无论方向，无论方法，在迎接万物时就像有神明宿在他身上一样。

解析

螣蛇，是中国古代一种可以飞翔的神物，这种动物平时安静地盘着身体，关键时刻却能飞起来，鬼谷子用这样的反差形容“实意”，颇有“不鸣则已一鸣惊人”的意味。实意，就是平时要调整自己的心态，提高自己的思维能力，以安静的心态全面、客观、深入地思考问题，这样的人才能在行动中一跃而起，达到自己的目标。如果总是心浮气躁，这种精神状态只会让我们时而想东边，时而想西边，根本不能一心一意地追逐目标，成功也就成了空谈。

天热的时候，我们都会安慰自己说：“心静自然凉。”这似乎是一种心理暗示，却也是事实。再热的天气，如果静下心来慢慢忍受，总能够找到转移注意力的方法，而肢体也会渐渐习惯周围环境的热度，闷热就不再那么难以忍受。但是，如果始终大叫“太热了太热了”，那就会越来越烦躁，越来越觉得热，最后热得受不了。可是，天气不是人的意志能够改变的，最后更热的人还是自己。

同理，相对于我们内心的起伏，外面世界的一切人与物就像无法控制的天气，时冷时热，时阴时晴，有时候还有冰雹砸下来，如果我们的内心始终跟着天气走，顺利的时候觉得畅快舒心，意气高涨，不顺利的时候觉得全世界都跟自己作对，消沉低落，毫无斗志，这就造成了我们的成功取决于环境和事态，而不是我们自己的努力。但是，环境对每个人来说都是公平的，真正的成功者是那些主动克服困难、顺应环境的人。

所以，我们必须正视“实意”的重要性。相对于外面的风风雨雨，我们心中要始终有静气，保证不论在什么情况下，都能安之若素地思考、决断，这才能如风雨中的舵手一样，始终掌握着航向。同时，“实意”也能让我们在个人生活中避免平庸，保持一种良好的姿态，因为不论做什么事，一心一意总是比三心二意能够收获更多的东西。

“实意”对捭阖的重要性不言而喻，捭阖本身就是一种多层次的思考和高难度的行动，它的前提是需要把事情看透，把人看透，这就更需要内心平静，才能真正地看那些容易被人们忽略的东西，为什么有些人总是细致认真，最先抓住问题的关键；有些人总是粗心大意，做什么事都抓不住重点，做了很多无用功？就是因为内心的心态不一样，后者不能像前者那样，针对一个问题一直深入下去，总是心有旁骛，这自然影响了思考效率。

我们都渴望“一飞冲天”，都希望有朝一日实现自己的价值，但这需要长时间的积淀和有利的时机，不论积淀还是时机，都需要我们精心观察与等候。所以，在日常生活中我们就要注意，即使面对小问题，也要专心致志地思考解决，让“实意”成为一种习惯，任何良好的思维习惯，短期内也许看不出成效，但日子一久，我们就会发现观察力和判断力都有了大幅度的提高，思考问题不再像以前一样不是撞进死胡同，就是犹犹豫豫毫无头绪。强大平稳的内心，是一切成功的基础；而静心实意的思维习惯，则是腾飞的翅膀。

分威法伏熊

原典

分威[1]法伏熊[2]。分威者，神之覆[3]也。故静意固志，神归其舍，则威覆盛矣。威覆盛，则内实坚[4]；内实坚，则莫当[5]；莫当，则能以分人之威，而动其势，如其天[6]。以实取虚，以有取无，若以镒称铢[7]。

故动者必随，唱者必和；挠其一指，观其余次[8]；动变见形，无能间者。审于唱和，以间见间[9]，动变明而威可分。将欲动变，必先养志伏意以视间。知其固实者，自养也；让己[10]者，养人也。故神存兵亡，乃为之形势。

注释

①分威：散发威势。

②伏熊：熊在发动攻击之前一定会身子伏地，这样出击的力量才能更大。

③覆：覆盖，笼罩。指威势在精神笼罩之下就可以充分发挥。

④内实坚：意志坚定。

⑤莫当：没有什么能够抵挡。

⑥如其天：像天空覆盖万物一样压倒对手。

⑦以镒称铢：用重的秤锤称量轻物，比喻轻而易举。镒和铢都是古代的重量单位，镒的重量是铢的576倍。

⑧挠其一指，观其余次：只要弯曲对方的一根手指，就能看到其余几根手指的变化。这里指触动对方一个局部，从对方的反应中，就能知晓对方的全部情况。挠：弯曲。余次：其余的意思。

⑨以间见间：通过细微的迹象去寻找对方的劣势。

⑩让己：把自己的让给别人。

译文

奋发威力就要学习模仿伏熊。要想奋己之威力，就要先把精神蛰伏起来。因此，自己意志坚定，志向稳固，神专一固守其舍，才能威力强大。威力强大，自己内心则坚实安定；内心坚实安定，则没有什么人能够阻挡他的威力；没有阻挡，就能分散对方的威势，动摇了对方的威势，像天空覆盖万物一样压倒对手。以自己的实来攻击对方的虚，以自己的优势去攻击对方的劣势，就像用镒去比量铢一样力量悬殊。

因此，只要自己行动，必然会有人跟随，只要自己倡导，必然会有人应和；只要触碰对方一个局部，从对方的反应中，就能知晓对方的全部情况；对方的举动和应变统统会显现出来，没有一个能逃得掉的。对唱和的状况进行详细的审查，通过细微的迹象去寻找对方的劣势，等到情况明朗之后，就可以奋发自己的威势了。自己在行动变化之前，必须要先养志并悄悄地隐藏自己的意图，寻找对方的劣势。能够使自己心意稳固而充实的人，是懂自我修养之道的人；可以把自己的利益让给别人的人，必然能够以德服人。所以，只要精神有威势，就可以震慑他人，兵戈自然就消除了，然后再根据形势去行动。

解析

“卧薪尝胆”是我们耳熟能详的一个成语，说的是春秋时期越王勾践被吴王夫差打败，他首先在吴王面前装成一个毕恭毕敬的臣服者，然后暗自积蓄力量准备反攻。他为了国事夙兴夜寐，每当觉得疲倦想要懈怠，就看看屋子里悬挂的一个苦胆，尝一尝胆汁的苦涩滋味，以此告诉自己不要忘记失败的耻辱。在这样的励精图治中，他终于打败吴国，成为一代霸主。

越王勾践的故事鼓励了一代又一代的失意者，也给一代又一代的人以启迪：越王勾践能够重新崛起，靠的不单单是意志，还有计谋。如果他不能够掩藏自己的动向，让吴王夫差发现了他的野心，那么他的一切理想就会被扼杀在萌芽状态。这就是为什么鬼谷子要强调“分威法伏熊”，即使是有强大力量的人，如果没有“伏”这个积蓄的过程，也不能发挥出自己最大的实力，所以，想要生存发展，必须学会隐藏实力。

在我们的生活中不乏默默无闻的人，这些人有两种，一种是不声不响地做很多事，一种是完全不知道该做什么，过一天是一天。过个几年再看这两种人，前者多半已经取得了一定的成绩，让人刮目相看；后者仍然不知道该做什么，过一天是一天。前者就是懂得“伏”的人，后者则注定是了平庸普通，毫无建树。

默默无闻也不是做什么事都一声不说，一旦人有一定的优势，即使个性低调，也一样会引起他人的注意，这时候，“伏”不是藏着掖着，而是隐藏自己的真正意图，不要被他人、特别是不要被对方发现真正的动向，以免他们趁机抓住漏洞，让我们陷入被动情况。同时，“伏”也是一种处世之道。在与人相处的时候，适当地隐藏自己的实力，可以麻痹对方，让对方对我们不那么防备，这也是一种躲过他人耳目、积蓄力量的好方法。

暗自提高自己与观察对手动向必须同时进行，否则就不能及时调整谋略，很容易产生偏差。不要以为“伏”的时候就是万事不关心，窝在自己的地盘奋斗，要随时留意对手的举动，如果对手出现漏洞，就要把握机会出击；如果对手刚好遇到另一个强敌，不妨时刻准备着坐收渔翁之利，要始终记得，对手的削弱也是自己的壮大，捭阖之道贵在求全求准，任何时候，对人对己都不能疏忽。

“伏”的智慧给我们的另一个启迪就是不能浮躁，不要看到一点动静就以为时机到了，也许那是对方设下的“引蛇出洞”的陷阱，你急着显示出实力，就是打草惊蛇，让对手看到了你的实情，之前的积蓄统统暴露出来。所以，在不保证了解对方意图的情况下，不能急着施行自己的计划，既要保证己方的实力积淀到达了一定程度，有信心奋力一搏；又要保证对对方的情况有足够的了解，不放过任何环节逐一分析，抓住最好的时机。只有两者结合，才切合“伏”的真意，幸运之神才会眷顾你。

散势法鸷鸟

原典

散势[①]法鸷鸟[②]。散势者，神之使也。用之，必循间而动。威肃[③]内盛，推间而行之，则势散。夫散势者，心虚志溢。意衰威失，精神不专，其言外[④]而多变。故观其志意为度数，乃以揣说图事[⑤]，尽圆方[⑥]，齐短长[⑦]。

无间则不散势，散势者，待间而动，动而势分矣。故善思间[⑧]者，必内精五气，外视虚实，动而不失分散之实。动则随其志意，知其计谋。势者，利害之决，权变之威；势败者，不以神肃察[⑨]也。

注释

①散势：分散对方的威势。

②鸷鸟：鹰隼一类的猛禽。

③肃：内敛。这里指积聚。

④言外：说一些不着边际的话。

⑤揣说图事：揣摩游说，图谋大事。

⑥圆方：指游说的方法。

⑦短长：指纵横的谋略。

⑧思间：寻找对方的漏洞。

⑨肃察：仔细考察。

译文

分散对方的威势要学习模仿鸷鸟。分散对方的威势，是受自己的精神主使的。用散势的方法，必须寻找到对方的疏漏再采取措施。威势积聚的时间越长，力量就越盛，找到对方的疏漏再行动，对方的威势必然会散去。如此，对方就心虚了，内心的意图也会溢出来。心志溢出就会导致意志衰弱，意志衰弱就会散去威势，精神不专一，这样，对方的言谈就会多变。以观察对方的真实志意为标准，运用揣摩之术进行游说，并策划计谋，采取行动。灵活运用各种计谋，使用或圆或方的游说方法，使纵横策略得以实行。

假如对方没有漏洞可乘，就不能采用散势的手段。散势，就要等待对方有漏洞的时候伺机而动，只要行动成功，对方的威势必然分崩离析。因此，善于谋划发现对方漏洞的人，一定要把五脏的精气聚集在自己的心里，在外面观察对方的虚实，只要采取行动就不会失去散发威势的效力。他的行动能紧紧追随着对方的志意，知悉对方的计谋。势，是处理利害关系的关键，也是权术变化的威力所在；势衰败的一方，是因为不能聚神而认真探察事物的结果。

解析

很多人都看过水鸟捕食，水里的鱼跃出水面的时间很短，水鸟必须在鱼儿出水的那一瞬间扑上去抓住它们，这一瞬间需要又快又准，才能让鱼无法挣扎。而所有禽鸟捕食，不论是鹰捕捉兔子，甚至鸡啄虫子，都有这样的快和准，这就是鬼谷子提倡“散势法鸷鸟”的原因。想要消灭对方的威势，最重要的就是一击即中，让对方没有反抗的机会。

势，不只是指对方的气势，而是对方呈现出的整体实力，既包括他们表现出来的，也包括那些掩藏在表现背后的计谋。有时候这种“势”是压倒性的，想要在竞争中取胜，就必须将其散去，就如同止住一盆水的沸腾，最好的办法就是釜底抽薪，抽掉烧水的柴禾。可见散势的关键就是找到克制对方的重点。

想要找到出击的机会，就要随时观察对方的行动，看准对方的弱点，在行军作战之中，“攻其不备”是基本的军事思想之一，而这个“不备”，有很多种情况：《曹刿论战》中，曹刿说将士们打仗，一鼓作气再而衰三而竭，想要获胜就要趁着对方敲过第三遍鼓，对方士气低落的时候进攻。这个“士气低落”，就是可以利用的弱点。类似的弱点还有对方的阵形出现问题，如排起了长龙阵，战线太长，这个时候就可以集中力量击破一个点，造成对方的全线崩溃；还有对方远道而来，烧掉对方的粮草，直接给了对方致命打击……总之，世界上不存在没有弱点的事物，把握这个弱点迅速出击，就是取胜的关键。

想要散势，必须学会钻空子，在谈话之中，就是要在对方周密的言语之中寻找漏洞，加以追问，一旦对方有闪烁其词的时候，就可以找准目标，或询问或调查，查出对方的真实意图，然后揣摩谋划，这是在言语之中找到了对方的弱点。以此类推，只要对方显示了行动上的迟疑和犹豫，我们同样可以见缝插针，掌握对方的真实动向。

找到弱点的同时，必须迅速出击，不给对方反应的机会。这个时候千万不要告诉自己“时机未到”，而要反复想“机不可失失不再来”，任何拖延的行为都是在增加对方的胜算，减少自己的胜算。不要想着自己还没准备好，该奋力的时候就要奋力，而且，机会比准备重要，因为准备可以在行动过程中补全，而机会一旦走了就很难再等到。由此可见，不论找弱点还是确定机会，需要的仍然是准确的判断力，是对对手意图的全面掌握。

散势成功之后，后续步伐一定要跟上，不要因为一击成功就忘记了对方仍然有力量反击，就像在战场上，散势只是打败了主力部队，残余部队仍有机会结集在一起负隅顽抗。所以，想要成功散势，必须制定全面的计划，才能不给对方留出反抗的机会。当然，也要给对方留出后退的余地，防止对方在绝望中拼死反击。这个分寸，需要在实际竞争中把握，也需要不断的实践经验。总之，不论面对什么样的对手，懂得捭阖之道的智者最先想到的应该是散势，是寻找弱点，而不是硬碰硬。

转圆法猛兽

原典

转圆[①]法猛兽。转圆者，无穷之计。无穷者，必有圣人之心，以原[②]不测之智而通心术。而神道[③]混沌为一，以变论万类，说义无穷[④]。智略计谋，各有形容[⑤]：或圆或方，或阴或阳，或吉或凶，事类不同[⑥]。故圣人怀此用，转圆而求其合[⑦]。故与造化者为始，动作无不包大道，以观神明之域。

天地无极，人事无穷，各以成其类，见其计谋，必知其吉凶成败之所终。转圆者，或转而吉，或转而凶，圣人以道先知存亡，乃知转圆而从方[⑧]。圆者，所以合语[9]；方者，所以错事[10]。转化者，所以观计谋；接物者，所以观进退之意。皆见其会，乃为要结以接其说[11]也。

注释

①转圆：计谋连绵不断。

②原：探究，追根溯源。

③神道：不可测的自然之道。

④说义无穷：所说的道理无穷无尽。

⑤形容：形态容貌。

⑥事类不同：根据事物不同而采取不同的谋略。

⑦合：适合。

⑧转圆而从方：在方与圆之间灵活转换。

⑨合语：言语合拍，话语投机。

⑩错事：处理事务，解决问题。错，通“措”。

⑪接其说：迎合对方进行游说。

译文

转圆必须学习模仿猛兽。所谓转圆，就是指计谋没有穷尽。要想计谋无穷，必须要有圣人之心，以推究深不可测的智慧，并以此来通晓心术。虽然自然之道神秘莫测，变化万千，但是有着一个根本的道理，紧紧抓住这个根本道理，就可以掌控大自然中的一切事物，策士游说时的道理就无穷无尽。智慧谋略，都有各自的形态：或圆融或方正，或公开或隐蔽，或吉利或凶险，都是根据事类的不同而随之变化。所以圣人心里想着这个道理，做事情时就像不停转动圆球，不断寻找与事实相吻合的智计。所以，要以跟随圣人为开始，那么所作所为无不合于大道，并且能看到别人无法看到的神明的领域。

天地没有终极，人事的变化也是无穷的，世间万物都有各自的归类，我们可以通过参照同一类别的事物来推测其计谋，这样就能推测出最终的结果是吉还是凶、是成还是败。运用转圆之道，有的会得到吉利的结果，有的会得到凶险的结果，圣人运用转圆之道能够预先预测出事物的兴衰存亡，因此能够灵活运转从而采用直接的策略，以趋利避害。“圆”灵活多变，是用来游说的策略，要求与对方话语投机；“方”安定沉稳，是用来处理事务。“圆”因能转动而变化无穷，所以使用“圆”也能探查到对方的计谋；“方”安定沉稳，可以根据处理事情的实际效果决定进退。只有找到事物的交汇点，也就是问题的症结所在，然后才能迎合对方去进行游说。

解析

转圆法猛兽，是说人的韬略的施用，应该如猛兽扑食一样有效，让人既看到威力又看到实绩。我们经常看到影视文学作品中那些“智多星”角色，他们似乎有无穷无尽的智慧，总能想到奇谋妙计，一次次地渡过难关，这正是因为他们懂得转圆之法，并将这种方法施用于实际情况中，在变化莫测的环境中如圆环一样灵活自如。

但是，转圆之法却不是只有“圆”就能达到的，而是一种“圆”与“方”结合的方法。圆的优点是灵活，就如车轮的形状，需要不断转动才有功效；“方”的优点是沉稳，就如车厢，能够容纳，不会轻易动摇。而“圆”与“方”的结合，才能让一辆车真正地开动起来，行上几千几万里路途，可见这二者缺一不可。

鬼谷子的分类更加详细，他认为“圆”主要是一种游说方法，即说话要圆融，不能得罪人，也不能让人小觑；既要有恭维，又不能让对方反感；既要有机锋，又不能咄咄逼人……这都需要随时察言观色，顺着对方的兴趣转变谈话内容，揣测对方的心情决定该谈论到哪种深度。一般来说，说话圆融细致的人会给被人留下有礼貌又知趣的好印象，让对方即使不是十分赞同你，也不会特别讨厌你，是一种保险安全的说话方式。

而“方”则是处理具体事物的方式。在具体事物中，鬼谷子一向强调规律和原则。规律是一种固定的东西，可以保证我们做事抓的是重点，找的是关键，不易发生偏差；而原则则是与个人的品性信誉有关，不能轻易破坏，有时候甚至需要牺牲一些小利益保留。一个在原则问题上非常圆滑的人很难得到他人的信任，相反，一个有原则的人则会保证他的承诺的施行，保证事情顺利进行。总之，在具体的事物中，要说到做到，有始有终。

“圆”与“方”不是绝对的，需要不断转化，这就需要灵活的头脑。一个有原则的方正之人，如果头脑不够灵活，只会被规矩束缚住，因为他连基本的拐弯都不懂，只会沿着一条路一直走下去，缺少应变与通融。所以，最理想的状态是在“方”的坚持之上佐以“圆”的手法，就像在轮子之上放上合适的车厢，要保证轮子和车厢维持在合适的比例上，才能保证轮子不被车厢压垮，车厢能够稳住轮子。

天和地的道理没有穷尽，事与物的变化没有尽头，面对无数的未知，我们难免有迷茫的时候，这时候也要用方圆之法调节自己的心态。“方”就是我们对事物的观察与认识，以及信心和理想，这些东西能够帮助我们确认自己是谁和应该做什么。“圆”就是我们的应变能力，要相信任何事情都有它的解决办法，对什么事都不必绝望。“方”与“圆”相互辅助，我们的人生才能顺利地活动起来。还要注意，车子的方向盘始终在我们自己手中，光让车子动起来是不够的，还要清楚地知道方向，知道它应该开向何处。

损兑法灵蓍

原典

损兑[①]法灵蓍[②]。损兑者，机危[③]之决也。事有适然[④]，物有成败，机危之动，不可不察。故圣人以无为待有德[⑤]，言察辞合于事。兑者，知之也；损者，行之也。损之说之，物有不可者，圣人不为之辞。故智者不以言失人之言，故辞不烦[⑥]而心不虚，志不乱而意不邪。

当[⑦]其难易而后为之谋，因自然之道以为实[⑧]。圆者不行，方者不止，是谓大功。益之损之[⑨]，皆为之辞。用分威散势之权，以见其兑威、其机危，乃为之决。故善损兑者，譬若决水于千仞[⑩]之堤，转圆石于万仞之谿。而能行此者，形势不得不然也。

注释

①损兑：减少顾虑，心志专一。

②灵蓍：占卜吉凶的蓍草。

③机危：危险的征兆。

④适然：偶然。

⑤以无为待有德：无为而治却能有所收获。德，通“得”。

⑥烦：繁琐、纷乱。

⑦当：面对。

⑧因自然之道以为实：顺应自然之道来实施。

⑨益之损之：增减变化。

⑩仞：古代的长度单位，介于丈与尺之间。

译文

要减少顾虑，专心察探事物的变化，就要效法多变的灵蓍。减损顾虑、心神专一是处理遇到危险征兆问题时的关键。任何事物的发展都会有偶然和巧合，有成功也有失败，对危险的萌芽，不可以不仔细探察。因此，圣人做事情，以顺应自然的无为之道来观察危险的征兆，查看对方的言辞是否与其行为相合。如果直接去游说，自己的情况就容易暴露给对方；如果不直接去说，则可以减少暴露的危险，就可以行动了。如果这样做了，事情还是不能够解决，圣人就不再强行开口了。所以智者不会因自己的言辞而失去从对方的言辞中获取信息的机会。因此就能做到言语不繁琐，心气不虚，心志不散乱，意念不偏斜。

面对困难或容易之事，而后去制定计谋，顺应自然之道来实施。对方施行"圆"的计策不停止，己方施行"方"的计策就不停止，直到令对方不能按照常理常规设谋行事，这样我方才能成就大功。不管言辞增加还是减少，都是为了能够准确地表达其意。用分威、散势的谋略，去发现对方直截了当的威势和其危险征兆，于是作出相应的决策。因此，善用损兑之术的人，就像决开千仞之堤放水而下，水冲向万仞之深的谿谷中的石头，能够让其旋转一样容易。水虽柔弱却能转动起大石头，是因为水的形势造成的必然结果。

解析

《本经》最后一个章节，说的是损兑之法，也就是变化之法，而效法的对象，是用来占卜的蓍草。占卜的作用是什么？预知未来，指导现在的行动。所以，损兑是一种面向未来的方法，是为了能够达到最大目的，得到最大价值所采取的现阶段的措施。也就是说，要根据实际情况来制定、更改计划，但不论情况如何变化，也要始终着眼于未来。

世事多变，我们经常被突来的情况牵制了精力，不知道该如何做决定。例如，现代人必须要面对的职业选择，就让很多人为难。刚刚毕业的大学生不知道该选择什么样的公司；工作几年的社会人不知该不该跳槽；完全不进入工作状态的人不知该不该转行。谁都希望在人生的际遇之中圆转自如，可现实却只会让人团团转，浑然不给出方向。

方向要自己找，目标要自己寻，未来才会被自己把握。直接的行动也好，更改计划也罢，都需要服从于未来的利益。我们不能像古人那样，动不动就用占卜来决定自己的方向，我们的决定应该基于深刻的思考，综合他人的建议，参考前人的经验。而思考的方向，也是如何实现更大的目标，而不是混过眼前的日子。

目光短浅是人生的大敌。有些人为了贪图一时的安逸，选择了一份简单普通的工作，过了几年突然发现自己什么也没有学到，想要转行时才发现自己已经远远地落在了他人后面。而有些人则会先苦后甜，先去尝试那些压力大的工作，为的是学到更多东西，也可以磨炼自己各方面的能力。一切都要服从于提高自己这个目标，现阶段的辛苦可以忍受，但不能让自己的辛苦毫无意义，这就是选择的大原则。

在与他人的交往中也是如此，如果执著于一时的利益之争或意气之争，那么所有人都可能是敌人；如果着眼于长久的发展，所有人都可能是朋友。所以，目光长远的人对人总是多一份平和与宽容，不会过于较真。因为他们知道，即使现在是竞争对手的人，在未来也可能走向合作，而合作的契机，很可能就是这一次竞争中，自己给对方留下的良好印象。

对待生活也要有大局意识，不要因为生活被琐碎的小事充斥，就忽视了它们对未来的推动作用。往小了说，它们能够影响你一时的心情，而一份被破坏的心情可能影响你的判断；往大了说，对待小事的态度会形成习惯，一个对小事马马虎虎的人，对大事也可能草草了事。所以，在生活中也要时刻注意端正态度，一切向前看。

《本经》对我们的指导，主要是在心智上，一个人有了坚定的意志，有了灵活的处事方法，他在各种情况下都能够比别人多一份从容。现代人常常被事业与生活磨得焦头烂额，《本经》提倡的“盛神”“养志”等方法就显得更为可贵。我们也许不能如鬼谷子所说，取法大道并与大道合一，但吸取其中的智慧，能够让我们的行为更加符合事物的道理、人心的轨迹、未来的方向，这样的人，怎能不从容?

持枢

持枢不可逆

原典

持枢，谓春生、夏长、秋收、冬藏，天之正①也。不可干②而逆之。逆之者，虽成必败。故人君亦有天枢，生③、养④、成⑤、藏⑥，亦复不可干而逆之，逆之者，虽盛必衰。此天道，人君之大纲⑦也。

注释

①天之正：自然的正道。

②干：触犯。

③生：出生。

④养：养育。

⑤成：长成。

⑥藏：保有。

⑦大纲：基本纲领、行为规范。

译文

抓住关键，就要顺应自然之道。春生、夏长、秋收、冬藏，都是自然界运行的正道。这是不可以逆反和违背的；违背它的人，即使一时取得成功，最终结果还是会失败。因此，作为人君也应该遵守自然之道，出生、养育、长成、保有是不可逆反和违背的。违背自然之道的人，即使能够兴盛一时，但终究会走向衰亡。这就是天之道，是国君治理国家的基本纲领。

解析

持枢，就是抓住关键并且顺应自然。鬼谷子认为能够抓关键的人才能运用捭阖之术。大千世界林林总总，事与物各有各的形态，即使是同样的东西在不同阶段、不同情况下也会有不同的面貌，想要穷尽所有的变化，以个人有限的精力和学识根本办不到。但是，万归于一理，任何事都要遵循其特有的规律，掌握了规律，就是掌握了事物的关键。

规律是不可逆转的东西。禾苗想要成长，需发芽、吸收营养、接受阳光照射等种种条件，还有其特定的生长周期，如果直接将它拔高，第二天就会死掉；教育孩子也是同理，如果不顾孩子的年龄特点，施行高压教育，就容易造成孩子性格上的缺陷；工作也是如此，如果好高骛远，总想一步登天，忽略基础和小事，结果就是什么也做不好。耕地、育儿、工作看上去没有任何相同点，但若究其规律，却又没什么不同。所以鬼谷子才认为持枢是天道，如果违逆了这个天道，就算会有一时的“增高”，也会很快衰落。

在做事的时候，把握规律，其实就是审时度势，这也是把握成败的根本。在竞争激烈的社会，谁都想成为佼佼者，但只要那些看得透形势，把握得住变化的人，才能走在众人前面。就像很多手机企业同时抢占市场，有的企业看到了 IT 业未来的潮流，抓紧时间研制智能机，有些却还在生产老旧手机，以为能够继续占据市场份额，等潮流一变，前者成了弄潮儿，后者一下子就被拍死在沙滩上，这就是大势所趋，无人能抗拒。

顺势而为的人，最能一举成功。那些懂得审时度势的人，有大局观，也有时机观，他们的特点是沉得住气。如果发现形势不利于自己，他们隐藏实力，姑且待之；一旦发现形势有利于做某事，就立刻着手，埋头苦干。古代不少大人物，平日不显山不露水，风云突变之时成了大将军、大丞相，如果他们在形势变化的时候没有把握机会展露自己，那么他们不会有丰功伟绩被后代铭记，这也就是所谓的“时势造英雄”。

要懂得为自己造势。形势不仅仅是客观的，也有人为因素的作用，懂得为自己造势，能够更好地推动事情向自己希望的方向发展。如一个中层领导想要晋升，他平日就透露出这个志向，并以此努力，让众人看到成绩，这就会在众人心目中留下一个“他肯定能晋升”的印象，印象也会渐渐成为舆论，公司领导看到“人心所向”，自然也会想到提拔这个人，这就是最简单的造势，让自己占据了主动权。

势不可逆的时候，就要懂得急流勇退。主观努力虽然能对形势产生影响，但形势仍是客观成分占了主流，形势一旦积累到一定程度，就如大江东去一般不可逆转，这个时候没有必要和客观规律对着干，应该趁早收手。如一件事已经预知了失败的结果，那就不必因为耗费了很多精力而非要完成它，那只会耗费更多的精力。急流勇退，才能保留最多的资本。

审时度势需要冷静客观的观察力，要培养自己的洞察力，需要从平日的点点滴滴做起。不必急于一时，要慢慢观察身边事物的发展，分析它们的原因，试着预测结果，日积月累，你会发现自己的认识水平有了飞跃，能够从现象看到内在，能够从现在推测未来，这时候，你已经具备了审时度势的能力，快些将它应用在生活、事业之中，你已经成为了一个能够掌握关键的人。

中经

谓振穷趋急，施之能言厚德之人

原典

《中经》，谓振[①]穷趋[②]急，施之能言厚德之人。救拘执[③]，穷者不忘恩也。能言者，俦善博惠[④]。施德者，依道。而救拘执者，养使小人[⑤]。盖士遭世异时危，或当因免阗坑[⑥]，或当伐害能言，或当破德为雄，或当抑拘成罪，或当戚戚自善[⑦]，或当败败自立[⑧]。

故道贵制人，不贵制于人也。制人者握权，制于人者失命。是以见形为容、象体为貌，闻声知音，解仇斗郄[⑨]，缀去，却语，摄心，守义。《本经》纪事者，纪道数[⑩]，其变要在《持枢》《中经》。

注释

①振：通“赈”，赈济、帮助。

②趋：奔赴。

③拘执：被拘禁的人，也可泛指处于困境的人。

④俦善博惠：多行善事，广施恩德。俦是同伴的意思，这里引申为多。

⑤养使小人：救助、保护地位低贱的人，使他听从使唤。

⑥免阗坑：避免被填进土坑。这里指挣扎在生死边缘。阗：充满。

⑦戚戚自善：忧愁而独善其身。

⑧败败自立：在危败的困境中寻求自立。

⑨斗郄：使有嫌隙的强者相互争斗。郄，通“隙”。

⑩道数：道术，即方法和技巧。

译文

《中经》，讲的是能赈济陷入困境或有急难的人，只有能言善辩、德行淳厚的人才能够实施这种救助行动。解救处于困境中的人，被救者不会忘记你的恩德。善于辞令之士，要多行善事，施行厚德的人，行事都遵循大道。而救助处于困境中的人，目的是豢养、使唤他们。士人在乱世中常常会遭遇到危难：有的挣扎在生死边缘，有的成为善于加害嫉妒的能言善辩之士，有的放弃仁德的信念而成为一代枭雄，有的被陷害拘役成为罪人，有的在逆境中独善其身，有的处在危败的困境中寻求自立。

因此依据大道，以控制别人为贵，被别人控制为不贵。控制别人的人掌握着权柄，被人控制就可能丢掉性命。因此就有了“见形为容、象体为貌，闻声知音，解仇斗郄，缀去，却语，摄心，守义”等种种方法。《本经》记载的是如何做到这些的基本方法，其运用时变通的要点在《持枢》和《中经》两篇。

解析

《本经》讲的是内在的修为，《中经》与之相对，讲的是外在的手段。鬼谷子认为世事艰难，人心难测，想要始终保持自己的优势地位，在困境中能够突破重围，在顺境中能够建功立业，在被陷害时能够脱身，在被重用时能够不引起猜忌，仅仅靠自身才德是不够的，还需要掌控人心，知道身边的人如何看自己，想如何对待自己，才能有针对性地应对，以保证局面不超过自己的掌控范围，“道贵制人，不贵制于人也”。

与人相处要站在制高点，这个制高点就是“德”。君王有德，臣下和人民才愿意依附，一个策士有德，愿意帮助那些陷入困境的人，才能得到他们的感激，今后才能驱使他们。这又是站在功利的角度来看待人与人的关系。但是，人与人的相处大多有某种利益关系，如果没有功利的解读，仅以天真的想法去待人接物，就一定会成为被利用的对象，这就是现实。

与人相处要懂得“怀柔”，怀有这种目的的人并不是大奸大恶之人，他们只是在世事多变中比别人多几分头脑，并不能否认他们行为中的善意。例如，《红楼梦》中的各色女儿，薛宝钗是争议最大的一个，因为她在与人相处的时候处处都“怀柔”，她对林黛玉的屡次挑衅视而不见，对小丫鬟们和蔼可亲，对亲戚们礼让有加，议论者有的说她凡事“藏奸”，有的认为她是最完美的女性，这个争论一直在持续。

的确，薛宝钗就像凤姐评价的，“不甘己事不张口，一问摇头三不知”，以远离是非为主，这是一种韬略。但宝钗对人又有真正的好：她总能体恤他人的处境，所以小姐丫鬟们才都喜欢她，就连林黛玉到后来也心甘情愿地叫她姐姐，对她佩服不已。有目的不代表有坏心，想要以更成熟的眼光看人，必须先看透这一点。

所以，与人相处时“怀柔”也好，“制人”也好，都只是一种维持关系的手段，并不妨碍正常的相处，甚至，相处会因为智慧的作用，变得更加顺畅容易。不必将这种处事智慧上纲上线，别人稍有心机就认为是厚黑，别人怀有目的就是不纯洁，我们面对是社会，不是无菌室，每个人都需要为生存而去竞争，自保意识本就无可厚非。

更何况，毫无章法的好意也会给自己带来极大的麻烦。俗语说：“升米恩，斗米仇。”在别人饥饿的时候，你送给他一升米，他感恩戴德，心心念念想要报答你，但你如果给他一斗米，他就觉得这么大的恩德自己无法报答，想到一辈子都还不起你的好意，就希望你根本没帮过他，甚至把你当做仇人，恨不得你赶快消失。乍一听，这是忘恩负义，但仔细想，这就是人性，这就是现实，一再告诫我们在与人相处时需要提防。

所以，我们也不妨在自己对他人的关怀中，加入更多的智慧，这是在帮助他人的基础上，对自己的一种保护。帮助他人要有“名”，别人需要帮助你才伸手，而不是无事献殷勤；帮助他人要有“度”，别人需要一斗米，你就给一斗，给得太多人家也吃不消。在与人接触时，宽容大度本身就是对他人的一种帮助，而举手之劳的小忙，千万不要拒绝。不要把自己对他人的援助挂在嘴边，这会显得你是为了博取名声才这么做，被你帮助的人也不会感激你。有了这些“德”，你就站到了制高点，获得了他人的尊重与喜爱，有了主动权。当然，如何使用这份主动权，就要看你本人的品德与智慧，这同样反映了一个人的品格高下。

见形为容、象体为貌之术

原典

见形为容、象体为貌者，谓爻[①]为之生也。可以影响[②]形容象貌而得之也。有守[③]之人，目不视非，耳不听邪，言必《诗》《书》，行不淫僻[④]，以道为形，以德为容，貌庄色温[⑤]，不可象貌而得之。如是，隐情[⑥]塞郄[⑦]而去之。

注释

①爻：《周易》六十四卦中的基本符号，分为阳爻和阴爻。

②影响：影子和声音。

③守：道德操守。

④淫僻：乖僻过分。

⑤貌庄色温：相貌端庄，性情温和。

⑥隐情：隐藏自己的真实情况。

⑦塞郄：弥补缝隙，堵塞漏洞。

译文

所谓见形为容、象体为貌，就是根据卦爻和卦象来推测事物的吉凶征兆，这也就是爻所起到的作用。可以通过一个人的形体和容貌来探知人的内心世界，就像算卦时看到爻卦就可以探知吉凶一样。有道德操守的人，眼睛不看非礼的东西，耳朵不听邪恶的言辞，说话必定引用《诗经》《尚书》中的典故，行为不乖僻过分，他们让自己的外貌看起来更符合道的要求，让自己的容颜看上去更像有德之人，相貌端庄，性情温和，别人不能通过外在表现来揣度他的内心。如果遇到这样的人，就要隐匿自己的真实情况，弥补好漏洞，尽快离开。

解析

我们常在小巷口、天桥下一类的地方看到有人支起牌子，上写“看相”，被看的人一脸紧张地坐在小椅子上，看相的人故作高深地观察，然后说一些看相人的情况，给看相人一些建议，看相人再问一些问题。看相这种事究竟准不准，信者不信者都有自己的道理，本书不做评论，但从人的面相上，的确或多或少能看出很多东西。

相由心生，这句话的确不假。那些积极开朗的人，精神总是饱满的，双眼发亮，话中带笑，给人蓬勃之感；那些忧郁内向的人，眉头常年紧蹙，双唇闭紧，一副伤春悲秋的姿态；那些心中总怀着抱怨的人，眉眼间写着不耐烦，看人也没多少好眼神，鼻子常哼着气，让人不愿意多交谈；那些狡诈多变的人，眼珠子永远滴溜溜乱转，看上去油嘴滑舌，不可信任；那些内心高傲的人，脸上总带着不满意的清高，有孤寡之气……心理长时间处于一种状态，面相上会有所表露，这是正常的事。

但是，只从表面的神情来推断一个人的内心，有时又不准确。因为人是复杂的社会动物，很多人如演员一样戴着面具，心头忧伤可以强颜欢笑，内心恐惧表面却镇定异常，心里厌烦外表却亲亲热热……这些都是我们在人际场上常见的。不过，只要长期接触细致观察，还是能在他们的言语体貌中解读出情绪信息。这一点，在前面的章节中有过详细的论述。

在《中经》中，鬼谷子特别强调了这样一种人，他们看上去有道德有文化，做事总能把握好分寸，不让人反感，而且有庄重又温和的气质，让人心生亲近。把什么事都做得十分完美，就连外在的动作都看不出任何漏洞，这样的人是不是一个理想的合作对象？和他在一起，没有沟通上的麻烦，没有合作中的争执，他会体谅你的难处和错误，永远都很温和，谁不愿意和这样的人相处？但鬼谷子的意见是：别接触，赶快走。

我们不得不感叹鬼谷子对人性的透彻剖析，以及他的精辟结论。每个人都有缺点，所谓“圣人”也只是道德上、学识上、行为上的完善，但不会完全失去自己的特点，而历史上建立大功业的人，无一例外有自己的弱点，甚至还因为弱点吃了大亏。可见，有缺点、有漏洞，是人性也是生活的普遍状态，行为上无可指摘容易做到，连表情上也能做到无懈可击，需要极深的城府，这样的人要么是智商、情商极高的人，和他相处只会被他控制；要么就是善于作伪的人，和他相处可能会被他坑害，所以，三十六计走为上计，是最好的选择。

也许有人会问，难道鬼谷子讲求的内修外炼，不就是为了让人们尽量减少言行举止中的漏洞，尽量避免透露自己的弱点与重要信息，让人无可猜测吗？

没错，鬼谷子认为一个策士最好如此，这是从策士的角度来说，告诫策士们只有这样的人才可能一直掌握主动。但是，从自保的角度，这样的人又是危险的，他们有太多的计谋策略，又懂得处理人与人关系的诀窍，如果不是有特别的必要，不要与他们较量，以免劳神劳心，还被他们利用。这也符合辩证法的观点：凡事要一分为二，看到好的一面，也要看到不利的一面，想要成为某种人，先要了解某种人的缺点，这何尝不是做人的学问？

闻声知音之术

原典

闻声知音者，谓声气①不同，恩爱不接②。故商、角③不二合，徵、羽不相配，能为四声主者，其唯宫乎。故音不和则悲④，是以声散⑤、伤⑥、丑⑦、害⑧者，言必逆于耳也。虽有美行、盛誉，不可比目、合翼⑨相须也。此乃气不合，音不调者也。

注释

①声气：声音和气息。

②恩爱不接：无法建立恩爱友善的关系。

③商、角：宫、商、角、徵、羽是古代的五音，只有五音调和才能成为音乐。

④悲：让人感到难受。

⑤散：与人说话不专心。

⑥伤：言辞伤人。

⑦丑：语言不够文雅。

⑧害：语言不严密，暗藏漏洞。

⑨比目、合翼：比目鱼和比翼鸟。古人常用这两种动物来比喻形影不离的爱侣和朋友。

译文

闻声知音指的是听到对方的声音就用相合的声音去应和他，因为如果双方心意不合，恩惠和友爱就不能沟通连接。因此，五个音符中，商与角二者不相合，徵和羽二者不相配，能够控制、协调四声的，就只有官声。如果音调不相合，声音听起来就会让人感到难受。因此，如果声音中有散、伤、丑、害之类的言辞，那么，说出的话肯定很刺耳。即便有很好的德行，很高的赞誉，彼此间也不能像比目鱼、比翼鸟那样密切亲近。这都是心意不通，言语不相合造成的。

解析

人与人相处，一见如故、心意相通的例子并不多，反倒是偏见、误解、分歧屡见不鲜，有时一见面就觉得“气场不合”，看对方不顺眼，说话不对盘，即使有合作的意向，也懒得再去多了解，多接触；即使有心为对方做些什么，也不能被对方接受，这个时候就要懂得“闻声知音”，以语言上的技巧来拉近彼此的关系，而语言只是外在表现，想要谋求两个不投合的人能够亲密无间，最重要的是心灵上的“求同存异”，才能避免口舌上无谓的争执。

在谈判桌上，唇枪舌剑为的是争取切实的利益，考验谈判者的口才。但在日常生活中，口舌太快的人往往口角多是非多，只因他们凡事都想和别人一争长短，以为辩论的结果就代表了己方的优势。实际上，有些人不擅长辩论，有些人不愿意为无意义的事辩论，有些人能够“胜利”不代表他们口才好，只代表别人涵养好。

自我为中心的人不喜欢听到不同的意见，针对一个问题，发现别人的看法与自己不同，就一定要拉住别人详细说明，以证明自己所持的是“高见”，别人的看法则不全面、不客观、不准确。这样的人既武断又不尊重他人。一来，你的见解未必比你反驳的人更高超；二来，个人有个人的看法，把观点强加于人，是对他人的干涉，自然不会得到友好的对待。

还有些人总喜欢“唱反调”，以显示他的与众不同。表现在别人说什么，他就反对什么，以此来显示自己的见识“高人一等”。这样的人同样不受欢迎，因为他们本身连基本的立场都没有，为了反对而反对，甚至会自相矛盾，这类人不可能有谋略的头脑、捭阖的手腕，他们最常有的状态，是什么都不满意，又什么都改不了，是我们必须避免的一种状态。何况，我们说话是为了交流，谁喜欢和一个只会挑话里毛病的人交流?

还有些人个性敏感，总觉得他人“话里有话”，挑衅了自己。于是，他们说话也开始带刺，总是含着淡淡的讽刺意味。更严重的，是觉得前来沟通的每一个人都怀有目的，近似于“被害妄想症”。和这样的人相处必须小心翼翼，一不小心就踩到地雷，就会惹来他的怀疑和质问。所以，很少有人愿意和太过敏感的人深入交流，因为累神累心，多半还没好结果。

种种反面例子中，我们能够总结出这样一个事实：两个性格没什么问题，又有交流意愿的人，如果出现交流不畅，那肯定是说话方面出了问题。试想，如果我们始终保持礼貌和理解，不把分歧上升为争吵，不故意与对方唱反调，不随便猜疑对方的用意，还会有那么多的矛盾吗？想要与人友好相处，就要有友好的心态，与人沟通，我们最该做的不是尽力表达自己的见解，而是认真倾听对方的声音，这才是得到良好关系的谈话途径。更何况，鬼谷子不止一次地教导我们，不断地听，去观察，才能掌握主动权。所以，不要为了表现、为了一时意气去和人争执，避免言语上的不快，是达到双方和谐的第一步。

解仇斗郄之术

原典

解仇斗郄，谓解羸[①]微之仇；斗郄者，斗强也。强郄既斗，称胜者高其功，盛其势也。弱者哀其负[②]，伤其卑[③]，污其名[④]，耻其宗[⑤]。故胜者闻其功势，苟进而不知退[⑥]；弱者闻哀其负，见其伤，则强大力倍[⑦]，死而是也。郄无强大，御[⑧]无强大，则皆可胁而并[⑨]。

注释

①羸：弱小。

②哀其负：为自己的失败而感到悲哀。

③伤其卑：为自己的卑微而感到伤感。

④污其名：自己的名声被玷污。

⑤耻其宗：耻于面对自己的祖宗。

⑥苟进而不知退：只知进攻而不知退守。

⑦强大力倍：发愤图强，力量倍增。

⑧御：防御。这里指防御的一方。

⑨胁而并：胁迫进而吞并。

译文

解仇斗郄就是解除与弱小者的仇恨，并与之相团结；斗郄，就是使有矛盾的强者互相争斗。强者相争，战胜的一方，就会高调宣扬其功德，使自己的声势壮大。失利的一方，就会为他的失败而哀伤，为他的卑下而伤心。他感到侮辱了自己声誉，使他的祖宗蒙羞。如果胜方仗着自己的功劳和威势，只知进攻而不知退守，弱者对自己的失败感到哀伤，受到刺激，反而会力量倍增，拼死战斗抗争。无论对方的势力和威力有多强大，我们的防御也会更加强大，皆可胁迫吞并它。

解析

在与人相处的过程中，每个人都希望自己能够占据主动，将二人的关系、将事情的发展朝自己理想中的方向推动。但是，人与人的实力不同，有些人占据有利的地位，握有大量的资源，拥有很好的条件，这样的人有强大的实力，在绝大部分情况下掌握了主动权，而那些实力弱一些的人，则只能被他们安排，按照他们的意思做事。特别是面对激烈竞争，面对强大的敌人，几乎看不到胜利的希望，瞬间就会丧失斗志。

但鬼谷子认为，强与弱没有绝对，一个弱者也可以打败众多强者，他可能联合更多弱者，以整体实力对强者发起挑战；也可能利用强者之间的矛盾，引诱他们互相争夺，自己坐收渔利；还有可能凭借自己的勇气和不懈努力，使强者屈服。所以，在事情没有结果之前，一切可能都存在，人与人之间的强弱之势，也不是不变的，相反，它充满流动性，只有有智慧的人才能把握其中的变化，并因势利导，将之变为自己的优势。

对那些比自己强的人，要有足够的认识。天外有天，人外有人，谁都会遇到比自己强的人，这时候，嫉妒显然是一种负面情绪，欣赏也无益于自己的提高，我们必须尽量去了解对方的实力和个性，才能知道如何与对方交流。实力强的人或多或少有些骄傲，或者有与众不同的个性，不要因为对方的一句听上去刺耳的话，就对对方产生反感。以真诚自然的态度与对方相处，并适当展现自己的长处，才能获得对方的尊重。

与比自己强的人相处，要克服心理上的畏惧。人们对自己搞不定的人和事，总带着畏惧。与比自己实力强的人相处，难免有危机意识，这个时候要及时调整自己的心态，不妨把自己当作一个学习者，和对方接触是为了学到更多的知识，向对方看齐。这就能很好地避免负面情绪的产生，让交流过程更加自然，也让自己的心态完全平静下来，更好地认识对方。而且，如果真的能多多接触对方，从对方那里学些成功经验，将有助于自己的提高。

与比自己强的人合作，要找好自己的位置。和强者相处需要有足够的心理承受能力，特别是与他们合作的时候，他们会以实力上的优势，要求我们按照他们的步调走，而我们也有自己的坚持，退让是难免的，但不能为了一次合作，就放弃自己的原则，这样就会沦为强者的附庸。要始终记得自己是独立的个体，自己之所以接受对方的条件，只是为了达到目的，对那些损害自己目的的要求，则要果断拒绝。

要与比自己强的人竞争，一定要注意策略。与强者竞争，除非在极端情况下，否则就要尽量避免“狭路相逢”，因为即使比“勇”，你也未必是对方的对手。懂得捭阖之道的智者这个时候却能大展手脚，他们会充分利用强者的弱点，对他们设下陷阱，让他们损耗实力，己方则会联合实力相当的人结成联盟，以对抗强者。与强者竞争，一定要舍弃匹夫之勇，用智、用谋、用势，而不是直接冲上前，被强者一巴掌打飞。

与强者相处是一门大学问，这个过程是危险的，也可能是不愉快的，但对于一个想要不断提高自己的人来说，这是必要的，应该主动追求的。因为在强者身上，有现成的成功经验供你参考，有直观的处事手段供你效仿，与强者合作也好，竞争也好，都能激励自己尽快提高实力，进而与他们平起平坐，所以，面对强者，有时候主动权不是最重要的，最重要的是一个接触智慧与经验的机会。要记得，一个能与强者对话的人，本身就不是弱者。

缀去之术

原典

缀去[1]者，谓缀己之系言[2]，使有余思也。故接贞信[3]者，称其行，厉[4]其志，言为可复[5]，会之期喜。以他人庶引验[6]以结往，明款款而去[7]之。

注释

①缀去：与离去的人保持联系。

②系言：联系的语言。

③贞信：诚实守信。

④厉：通“励”，激励。

⑤可复：欢迎他再返回。

⑥庶引验：类似的经验。

⑦款款而去：依依不舍地离去。

译文

缀去之术就是与离开的人保持联系，让对方离开后还牵挂着自己。在他心里留下思念。因此要结交诚实守信的人，要称赞他的品行，勉励他的志向，告诉他可以再回来，表现出希冀、期待的喜悦之情。引用过去别人类似的成功案例，希望对方能够明白将来仍能与自己保持密切关系，然后在他离去时，自己明确表示出依依不舍的样子。

解析

现代社会中，每个人都需要建立自己的关系网，但人与人的关系经常是“来者日以亲，去者日以疏”，有合作的时候，大家团结一致，合作结束，各奔东西。这种因利而聚的关系常常让人感到疲惫。如果能在利益关系上多加一层温情的纽带，一来让自己在感情上有所依托，二来也会因为交情深厚，得到更多的机会。鬼谷子的“缀去之术”，就是告诉人们如何拉拢那些即将离开的人，让他们始终在心理上与自己亲密。

我们每个人都经历过离别，日子一久，过去接触的人能一直记得的，剩不下几个。如果静下心想想，就会发现我们能常常回忆的，除了关系特别亲近的友人，剩下的是那种曾经肯定过我们，给我们带来信心，并对我们寄予厚望的人。人总是渴望被肯定，这是心理上的需求，而满足这种需求的人，很难让我们忘记，如果这样的人曾经表示“有机会合作”“希望还能见面”等意愿，我们也会在合适的时候，第一时间想到这件事，并在主观上愿意联系对方，以展现一下自己如今的实力。

反过来说，如果我们是他人眼里那个曾经肯定过他，对他依依不舍的人，那么当我们再度与之联系，或想要合作，或请求帮助，或询问问题的时候，他们往往一口答应，并很热情地贡献自己的力量。这是因为他们也始终记得我们的好处。缀去之术和鬼谷子提倡的很多方法一样，同样是利用人心的特点达到控制他人的目的。

无疑，这种方法对现代人来说非常有效。现代人的人际关系呈流动状态，特别是社会节奏太快，每个人都忙得昏天暗地，眼前的事还忙不过来，更别说要与那么多认识的人联系感情。几条问候短信显然诚意不够，总是聚会却也耽误不少时间。所以，如果能在少数的几次接触中就给人留下相当深厚的印象，那就能够很好地与人展开合作。

缀去之术的最大用处存在于合作结束的时候。例如，一个优秀的员工辞职，这个时候老板的表现，将决定今后他与这位员工的关系。如果老板斥责员工跳槽，说他不够忠诚，那么员工很可能会产生逆反心理，反驳说自己有权利选择更适合的工作，脾气大的说不定还要列举老板的诸多不是，最后不欢而散；懂得缀去之术的老板却会一再肯定员工的能力，表达自己的不舍，希望以后还有机会得到员工的效力，或者有合作的机会。总之，他会把赞美、肯定、留恋等感情放在员工心里，让员工即使去了其他公司，也会记得这位老板的善意和褒扬，即使他不再回原公司，今后也不会与这位老板为难，说不定还会为这位老板制造机会。

缀去之术的实质，是在他人心中留下一个美好的“最后印象”，我们都有这样的经验：毕业的时候，一个宿舍原本相处不好的人一起喝酒吃饭，互相倾诉，互相祝福，送别的时候依依不舍。等到分别以后重新回忆，就会觉得往日的不愉快不算什么，关系反倒日见亲密起来。相反，如果最后大家相互指责，甚至大吵一架，那么即使平日相处愉快，也因为这最后一架而变得不愿回忆，再也不想联系。

所以，当与人结束合作的时候，不论过程中对方给了怎样的刁难，你们如何不融洽，都要牢记“好聚好散”的道理，把赞扬留给对方，让他知道你的感谢和钦佩，这样就会给对方留下非常好的印象，使你们今后的关系变得融洽，也为今后再一次的合作打下了基础。

却语之术

原典

却语①者，察伺短也。故言多必有数短之处②，识其短，验之。动③以忌讳，示以时禁④。其人恐畏，然后结信⑤，以安其心，收语盖藏⑥而却之。无见⑦己之所不能于多方之人⑧。

注释

①却语：有漏洞的语言。

②数短之处：很多的短处。

③动：触动。

④时禁：当时的禁令。

⑤结信：结交信任。

⑥收语盖藏：把对方的犯忌讳的话藏在心里。

⑦无见：勿现。见，通“现”。

⑧多方之人：见识多于自己的人。

译文

却语之术，就是仔细探查别人言语的短处或失误。因此说言多就必定会暴露很多的短处，识别其中的短处，并进行验证。指出对方言辞中所犯的忌讳，或违反了当时的某个禁令，以此来触动他。等到对方惊恐、畏惧的时候，就趁机结交他，让他感到安心，把刚才使用的却语之术收藏起来，慢慢地退出不再使用了。使用却语之术必须注意，一定不要把自己的弱点暴露给见识多于自己的人。

解析

在谈话中，鬼谷子认为策士们一定要懂“却语之术”，就是要随时能够发现对方言语的漏洞。这需要高深的观察力，也需要灵活的应变技巧。发现漏洞之后，我们就有了克制对方的武器，既可以在辩论的时候“以子之矛攻子之盾”，也可以在施压的时候用以威胁，还能在对方犹豫不决的时候安慰对方。人的话语里都有漏洞，只要听得仔细，都会揣摩出一二却语，这也提醒我们必须小心自己说话时的缺陷。

说话最忌讳大大咧咧，什么都说。有些人个性实在，几句话就把自己的家底全都说了出去，并把这种行为视为诚实的表现。但是，那些对自己的事三缄其口的人，也并非不诚实，他们只是更知道话里的轻重，知道不能通过几句话，就让人探清底细，何况，你如何保证和你说话的人会是你的朋友？也许他是你的仇家派来专门打探消息的！你大大咧咧地都说出去，他们连漏洞都不用找，倒是省了不少力气。

说话要注意内容。有些人说话东一竿子西一棒子，说着说着就忘记刚才说了什么，这样的人最容易被人套话，因为他们有时候根本不知道自己在说什么，常常谈性一发就口无遮拦，被人东南西北的一问，就跟着大谈特谈，而有心人就能从这样的语言中拼出想要知道的情况。可见，说话的时候必须要对自己要说的内容做到心里有数，不能想到哪里说哪里，更不能跟着别人的思路走。

说话要注意逻辑。特别是在谈判时，我们说的每一句话都可能被对方拿去大做文章，如果我们说了一句自相矛盾的话，对方立刻就有了把柄，让我们百口莫辩。所以，说话之前一定要弄清条理，不能在实际谈话过程中自己绊自己，要始终抓住中心，抓住关键，观点要一致，只要经过简单的训练，这点不难做到。

不要与他人做无意义的争辩。有时我们的谈话对象是气盛的人，喜欢给人难堪；有时我们的辩论对象设下套子，对我们使用激将法，这时候他们等待着我们为自己分辩，然后从话语里找出更多的漏洞。这种例子在日常生活里也常见到，如一则针对自己的流言正在蔓延，所有人都等着你的解释，这时候你解释了，只会带来更多怀疑；你不解释，反而让他人无从继续造谣，时间久了事情也就淡了。同理，无意义的争辩也应该被避免，在谈话中，发现对方的挑衅之词与主题无关，即使生气，也要赶快转移话题，千万不要理会。

发现自己说错话了，不要马上抢过话头想要补救。谁都有“一不小心说真话”的时候，这可能是一句评价，可能是一句不满，可能是一句不为人知的逸闻……这些话进入有心人的耳朵里，是不可能因为你的解释而揭过的，你越是强调、说明、弥补，越让人觉得这句话对你很重要，是可以利用的弱点，所以，发现自己说错话，最好的办法就是若无其事地继续说下去，就好像你没有说过那句话一样。

人与人的谈话，有时就是言语上的交锋，你想听我的底细，我想找你的漏洞，所以不要小看任何一个谈话对象，尽量使自己说的话客观、有条理、不带那么多的私人感情。而当你发现对方话中的漏洞的时候，也不要表现出任何情绪，就像你根本不知道有这么一回事，这样才能安抚对方。至于对方的漏洞要如何使用，那就要看你们的谈话如何发展，你们的关系有何发展，在绝大多数时候，你应该保证别人说错的话是个秘密，只有你和他知道。

摄心之术

原典

摄心[①]者，谓逢好学伎术者[②]，则为之称远[③]。方验之道，惊以奇怪，人系其心于己。效之于人，验去[④]，乱[⑤]其前，吾归诚于己。遭淫酒色者[⑥]，为之术；音乐动之，以为必死，生日少之忧[⑦]。喜[⑧]以自所不见之事，终可以观漫澜之命[⑨]，使有后会。

注释

①摄心：收买人心。

②好学伎术者：爱好学习、富有才艺的人。

③称远：称扬其名，使之声明远播。

④验去：用过往的经验来验证。

⑤乱：治理，验证。

⑥淫色酒者：沉缅于酒色的人。

⑦日少之忧：担心自己时日无多。

⑧喜：使之欢喜。

⑨漫澜之命：绚丽的生命。

译文

摄心，就是收服人心。如果遇到爱好学习、富有才艺的人，就称赞他们的才艺，使他们声名远播。自己再用本身所知晓的道术来验证他的所学，对他的所长表示惊叹惊奇，他就会把心意系在你身上。然后，再把他的技艺在众人面前效验，并用古人成功的案例来验证他过去的成就，并将其摆在众人面前，他就会诚心地归附于你。遇到沉迷酒色的人，就要用音乐的快乐节奏来打动他，让他以为这样贪恋酒色必然会短寿，从而为生命的短暂而担忧。之后再用他看不见的高雅的事情使其喜悦，让他最终体会到生命的灿烂，然后有所感悟。

解析

摄心之术，就是收买人心的方法，说到收买人心，不得不提到《水浒传》中的宋江。在梁山好汉中，他的计谋武艺都不是上上之选，却能坐上梁山的头把交椅，关键就在于他懂得收买人心的道理。而历史上很多建立大事业的人，靠的也并不是一个人的能力，而是有一群人愿意效忠他，为他出钱出力，这就是收买人心的实际好处。

收买人心没那么简单，每个人都有自尊心，都有保护意识，谁也不愿意平白无故被收买。那些能用利益绑定的，也不是人心，只是利益关系。而在现代社会，收买人心也不再是招兵买马，而是一种给人留下深刻印象，让他人愿意听从你的建议、你的吩咐的方式。只有当一个人觉得获得了他人的尊重和认同，并且被他人承认其价值的时候，他才可能心甘情愿地与你接近，为你服务，这种方法值得每个人学习。

赞同是第一步。想要和他人建立一种充满信任的关系，首先要有精神上的基础。而这个精神基础不能仅仅是志趣相投，还要有根本上的东西，即承认对方具有非同一般的价值。就如一个写作的作者，在翻自己作品的评论时，发现某个读者的赞美恰好写到了他的心理，一种知己感就会油然而生，想要搞好关系也成了简单的事。当然，这需要你事先知道对方心里最得意的是什么，最在乎的是什么。

展示自己的才学，继续夸奖对方，是第二步。依然举写书的作家为例，一个初中生评价“写得太好了”，和一个文学博士评价“写得太好了”，在作家心中的分量肯定不一样，评价者本人的资历，更能突出作家的价值。所以，如果你能展现出自己渊博的学识、深刻的见识和丰富的阅历，对方就会知道你的夸奖具有的“含金量”，进而觉得你是真正地欣赏他、了解他，也更加确定了自己的价值。

在他人面前夸奖，好过在本人面前吹捧。夸奖本人，只会让对方感觉到一时的畅快，但如果在很多人面前，以同样热烈的语气宣传，那就会使对方完全相信你是他的知己。这个时候，摄心之术的步骤完成，不论你提出什么样的建议，他都会聆听，并认为是在为他着想，哪怕你说了一些不那么讨喜的评论，他也会觉得这是你的坦诚，是为了让他更好。可以说，你完全“收服”了这个人。

每个人都渴望被认同，摄心之术正是对准了这种心理，才能达到理想的效果。当然，使用这种技术也有一些注意事项：不能大规模使用，因为如果你对两个以上人说了同样的夸奖，那么他们都会认为你的夸奖“不值钱”，只是一种客套话；想准确地赞美一个人，必须要对赞美的内容有充分的了解，例如你夸奖一个人舞跳得好，如果只说“姿势真美，感情真到位”，那么你和一个普通的观众就没有区别，如果能将其他舞者的优缺点一并说出，并谈谈自己对这类舞蹈的看法，再去夸奖对方“真美真到位”，才会使对方眼睛一亮……讨人欢心进而收买人心需要功底，想使用这种方法一定要做好充分准备，否则，说出来的话都是隔靴搔痒，你本人也成了别人眼里的阿谀之徒，这种“收买”，得不偿失。

守义之术

原典

守义[①]者，谓守以人义[②]，探其在内[③]以合也。探心，深得其主也[④]，从外制内，事有系曲而随之[⑤]。故小人比[⑥]人，则左道而用之，至能败家夺国。非贤智，不能守家以义，不能守国以道。圣人所贵[⑦]道微妙者，诚以其可以转危为安，救亡使存也。

注释

①守义：遵守做人的道义。

②人义：仁义。

③在内：内心世界。

④探心，深得其主也：深入探讨内心，便可以把握那人的主要思想。

⑤事有系曲而随之：让对方因有事求于我而追随我。

⑥比：以利与人结交。

⑦贵：推崇、重视。

译文

守义，就是用做人的基本道义原则去探测对方的内心世界，再去迎合他。探查对方内心真实的想法，得到他内心深处的真实的意图，然后就可以从外部的行动来掌控他的思想，让对方因有求于我，而追随我。因此，小人以利益和人结交，用旁门左道的方法来行事，因而导致对方家国的败亡。如果不是圣贤之人，就不能很好地用义来治家，用道来治国。圣人之所以重视道义的微妙，是因为道义确实可以使家国转危为安，救亡图存。

解析

守义，是做人的道理，也是一个人评价另一个人的最主要标准，一部《鬼谷子》描画人心，解剖人性，陈述捭阖制人之道，但它却要求人们必须守义，只有守义，才能真正实现捭阖，真正掌控人心，才能决定成败，实现抱负。这也是说，做任何事都不能违背做人的一些基本原则，不然只会落得众叛亲离、无人援助的孤立下场。

而在守义的基础上施展捭阖之道，更有自然真实的效果。如果你本人是个守义君子，你的游说本身就带着说服力，让人愿意信任；如果你以义理打动他人，一来抬高了对方，二来也符合对方的某些道德追求，最重要的是你的话会合情合理，让对方无从推卸。而这一游说成果既对个人有利，也对集体、对国家有利，可谓尽善尽美。

相反，那些不在乎道义的小人也懂得探测人心，掌握人性，控制他人。只是他们只想到用旁门左道的东西去诱惑人心的阴暗面，勾引他人往邪路上走，以实现自己的利益。而这种利益往往是短浅的，利己的，不顾他人死活的。所以，小人是人人厌恶的，而那些相信了小人的话，往歪路上走的人，也大多身败名裂，没有什么好结果。

而小人之所以特别容易讨人欢心，恰恰就在于他们最懂钻营人心，甜言蜜语，他们知道人的弱点和缺点，想的仅仅是利用这个缺陷给自己讨来一些利益，所以诸葛亮才会劝告国君“亲贤臣，远小人”，贤臣并非不懂得捭阖之道，而是不会滥用，不会做损害国家的事，但小人却将之视为谋略的工具。也可以说，在君子眼中，捭阖是“道”，在小人眼中，捭阖仅仅是“术”，而鬼谷子超脱这些是非，仅仅提出方法和几句劝诫，方法本身，则随使用者使用，圣人用来安邦定国，小人用来坑蒙拐骗。

也正是如此，对那些看上去很会揣测人心，又很会说话的人，我们也要区别对待，不能因为对方看似太会说话，就觉得他是别有用心的危险之徒；也不能因为对方态度亲热又说得出我们心中的忧虑，就认定对方是大好人。看待他人要公正，追逐个人利益并没有错，因利益结交他人也没有错，但如果对方心里面只有利益，完全没有道义，就算有再大的本事，也尽量敬而远之，因为这样的人只为自己着想，早晚也会坑害你。

但是，如果只知道道义不知道变通，把道义奉若圭臬，也是鬼谷子不赞同的。鬼谷子认为大目标比小手段更重要，如果能实现救亡图存，在小的方面有欠于道义，也没什么不妥，为小节失大义才是得不偿失。这也是鬼谷子的“灵活”思想的体现。而小人们却理所当然地认为这是在教导“为达目的不择手段”，这也是君子与小人心胸眼界上的大差别。

现代社会中，鬼谷子的教导很适合人们安身立命，遵守道义，但不拘泥于道义，才能让人在方与圆之间行动自如，而不是缚手缚脚。还是那句话，鬼谷子的智慧博大精深，但《鬼谷子》一书是一部实用的工具书，如何使用，用它来做什么，取决于使用者的素质，鬼谷子总结了理论，要做扶危的君子还是趁势的小人，取决于每个人心中的追求。